Caderno do Futuro

A evolução do caderno

CIÊNCIAS

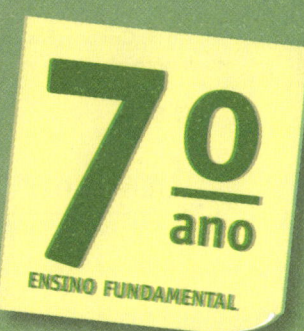

7º ano
ENSINO FUNDAMENTAL

3ª edição
São Paulo – 2013

Coleção Caderno do Futuro
Ciências
© IBEP, 2013

Diretor superintendente	Jorge Yunes
Gerente editorial	Célia de Assis
Revisão técnica	Sonia Bonduki
Assistente editorial	Érika Domingues do Nascimento
Revisão	Luiz Gustavo Bazana
	André Tadashi Odashima
Coordenadora de arte	Karina Monteiro
Assistente de arte	Marilia Vilela
	Nane Carvalho
	Carla Almeida Freire
Coordenadora de iconografia	Maria do Céu Pires Passuello
Assistente de iconografia	Adriana Neves
	Wilson de Castilho
Ilustrações	Cícero Soares
	Dawidson França
	Luís Moura
Produção gráfica	José Antônio Ferraz
Assistente de produção gráfica	Eliane M. M. Ferreira
Projeto gráfico	Departamento de Arte IBEP
Capa	Departamento de Arte IBEP
Editoração eletrônica	N-Publicações

CIP-BRASIL. CATALOGAÇÃO-NA-FONTE
SINDICATO NACIONAL DOS EDITORES DE LIVROS, RJ

F742c
3.ed.

Fonseca, Albino, 1931-
　　Ciências, 7º ano / Albino Fonseca. - 3. ed. - São Paulo : IBEP, 2013.
　　il. ; 28 cm　　(Caderno do futuro)

　　ISBN 978-85-342-3553-2 (aluno) - 978-85-342-3557-0 (mestre)

　　1. Ciências (Ensino fundamental) - Estudo e ensino. I. Título. II. Série.

12-8672.　　　　　　　　　　　　　　　CDD: 372.35
　　　　　　　　　　　　　　　　　　CDU: 373.3.016:5

27.11.12　30.11.12　　　　　　　　　　　　　041048

3ª edição – São Paulo – 2013
Todos os direitos reservados.

Av. Alexandre Mackenzie, 619 – Jaguaré
São Paulo – SP – 05322-000 – Brasil – Tel.: (11) 2799-7799
www.editoraibep.com.br　　editoras@ibep-nacional.com.br

Reimpressão Gráfica Cromosete - Janeiro 2016

SUMÁRIO

INTRODUÇÃO AO ESTUDO DOS SERES VIVOS

1. Características gerais dos seres vivos 4

O REINO ANIMAL

2. Mamíferos 9
3. Aves 14
4. Répteis 18
5. Anfíbios 22
6. Peixes 26
7. Filo equinodermata ou equinodermos 30
8. Filo molusco 32
9. Artrópodes 38
10. Anelídeos 41
11. Nematelmintos 44
12. Platelmintos 47
13. Cnidários e poríferos 51

O REINO VEGETAL

14. Organização e diversidade 56
15. A flor 59
16. O fruto e a semente 62
17. A raiz 65
18. O caule 69
19. A folha 74
20. Vegetais criptógamos 79

OUTROS SERES VIVOS

21. O reino dos fungos 83
22. O reino protista 86
23. O reino monera 93
24. Os vírus 98

ECOLOGIA

25. Os ecossistemas 102

EVOLUÇÃO

26. Teorias sobre a origem e a evolução dos seres vivos 108

ESCOLA

NOME

PROFESSOR

HORA	SEGUNDA	TERÇA	QUARTA	QUINTA	SEXTA	SÁBADO

PROVAS E TRABALHOS	

INTRODUÇÃO AO ESTUDO DOS SERES VIVOS

1. Características gerais dos seres vivos

Ciclo vital: nascimento, crescimento, reprodução e morte.

Características gerais

a) **Estrutura celular**: membrana, citoplasma e núcleo. Entretanto, há seres vivos que não possuem núcleo organizado, o material nuclear está disperso no citoplasma.

Seres vivos unicelulares: formados por uma célula.

Seres vivos pluricelulares: formados por mais células. Estrutura desses seres vivos:

células → tecidos → órgãos → → sistemas → organismo

Daniela N. Secondo

Figura não proporcional à realidade. Cores-fantasia.

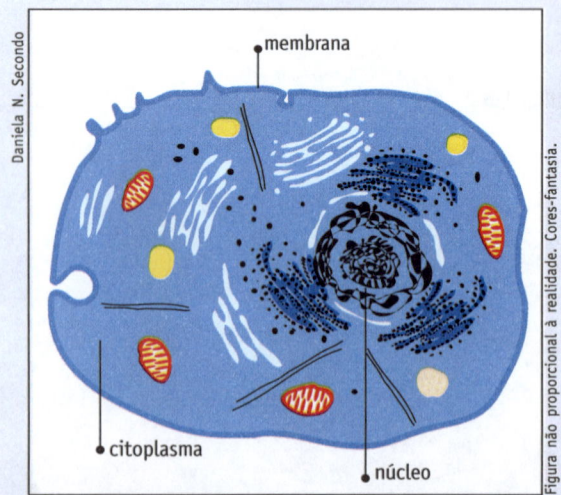

Célula animal

b) **Reprodução**

- **Assexuada:** parte do corpo de um ser dá origem a outros seres com as mesmas características.
- **Sexuada**: indivíduo é originado de uma célula-ovo, formada pela união de células especiais de reprodução, os **gametas**.

Luis Moura

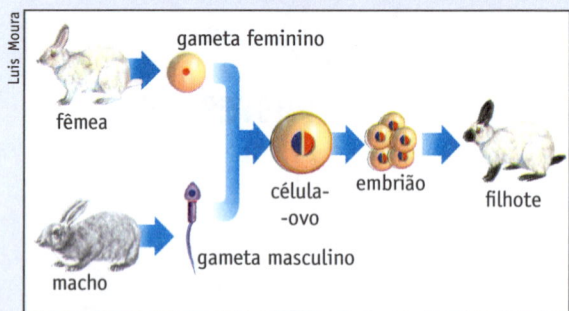

Figuras não proporcionais à realidade. Cores-fantasia.

Na maioria dos seres, os gametas são produzidos por indivíduos de sexos diferentes, porém há casos em que elas são produzidas por apenas um indivíduo, como o verme tênia, ou solitária.

c) **Mutações**: mudanças que ocorrem nas estruturas responsáveis pelas características e funções dos seres vivos; podem ser transmitidas aos descendentes. Sucessivas mutações ao longo dos tempos e seleção do ambiente causam a evolução dos seres vivos.

d) **Necessidade de alimento**: os alimentos são necessários para obter a energia que será usada na realização das funções e para obter materiais para o crescimento e reparação, ou recuperação do processo de desgaste.

- **Autótrofos**: seres capazes de produzir nutrientes a partir de minerais, como aqueles que fazem fotossíntese.

Fotossíntese:

Água + Gás carbônico $\xrightarrow{\text{Luz}}$ $\xrightarrow{\text{Luz}}$ Glicose + Gás oxigênio

- **Heterótrofos**: seres que se alimentam de outros seres vivos.

Laranjeira (autótrofo)

Capivara (heterótrofo)

e) **Excitabilidade**: capacidade de reação a estímulos do ambiente.

Classificação dos seres vivos

a) Reinos:
   I - **Monera**: bactérias e cianobactérias.
   II - **Protista**: protozoários e algas.
   III - **Fungos**: bolores e cogumelos.
   IV - **Vegetais**: plantas.
   V - **Animais**: invertebrados (insetos, moluscos, crustáceos etc.) e vertebrados (peixes, anfíbios, mamíferos etc.)

b) Divisão dos reinos:

Reino = filo + filo
Filo = classe + classe
Classe = ordem + ordem
Ordem = família + família
Família = gênero + gênero
Gênero = espécie + espécie

Como nomear os seres vivos

Os seres vivos têm nomes comuns, mas também têm um nome científico. Para nomeá-los devemos:

a) Escrever o nome em latim.

b) Usar duas palavras: a primeira indica o **gênero** e inicia-se por letra maiúscula; a segunda indica a **espécie** e é escrita com letras minúsculas.

c) Grifar as palavras ou deixá-las em itálico.
Exemplos: *Homo sapiens* (ser humano)
Canis lupus (lobo)

1. Quais são as partes fundamentais de uma célula?

2. Nos organismos pluricelulares, como as células estão organizadas?

3. Por que os seres vivos que se reproduzem assexuadamente são exatamente iguais aos que lhes deram origem?

4. Como se origina um indivíduo pela reprodução sexuada?

5. O que são mutações? Qual a sua importância no aspecto evolutivo dos seres vivos?

8. O que são organismos autótrofos?

9. O que são organismos heterótrofos?

10. Por que os seres vivos têm necessidade dos alimentos?

6. Quais fatores do ambiente são necessários para que uma planta realize a fotossíntese?

11. O que é excitabilidade?

7. Quais os produtos da fotossíntese? Qual a sua importância?

12. Complete o esquema.

Reino | Ordem

13. Um indivíduo de certa família pertence a que outros grupos de seres vivos?

14. Associe corretamente as colunas.

(A) monera   ( ) leões e zebras
(B) protista   ( ) mamoeiro e salsa
(C) fungos   ( ) bactérias e cianobactérias
(D) vegetais   ( ) protozoários e algas
(E) animais   ( ) bolores e cogumelos

15. Assinale **certo** (C) ou **errado** (E) e justifique as afirmativas erradas.

a) Um conjunto de classes forma um filo. ( )
b) As famílias dividem-se em espécies. ( )
c) O nome científico das espécies deve ser escrito em latim. ( )

Justificativa(s):

16. Resolva as palavras cruzadas:

HORIZONTAIS

1. Unidade de formação da maioria dos seres vivos.
2. Síntese de glicose pelas plantas com o emprego da energia luminosa.
3. Reino dos seres vivos que engloba as bactérias e as cianobactérias.
4. Categoria de seres que compreende uma subdivisão do reino.

VERTICAIS

1. Seres capazes de produzir o próprio alimento.
2. Agrupamento de células semelhantes.
3. Língua oficial para denominar os seres vivos.
4. A primeira categoria representativa da divisão dos seres vivos.

O REINO ANIMAL

O reino animal pode ser dividido entre os animais vertebrados e os invertebrados.

Vertebrados: são caracterizados pela presença de esqueleto interno. Compreende os peixes, anfíbios, répteis, aves e mamíferos.

Invertebrados: são caracterizados pela ausência de esqueleto interno. Compreendem 95% das espécies do reino animal, entre eles, artrópodes, equinodermos, moluscos, anelídeos, nematelmintos, platelmintos, cnidários e poríferos.

• Vertebrados: mamíferos, aves, répteis, anfíbios e peixes

Mamífero: urso-polar

Ave: tucano

Réptil: cobra-cascavel

Anfíbio: perereca

Peixe: peixe-anjo (marinho)

- **Invertebrados:** artrópodes, equinodermos, moluscos, anelídeos, platelmintos, nematelmintos, cnidários e poríferos

Artrópode: borboleta

Molusco: caracol

Equinodermo: estrela-do-mar

Políforo: esponja

2. Mamíferos

Características gerais

a) Possuem **glândulas mamárias** e **pelos**.
b) **Endotérmicos:** temperatura corporal constante.
c) **Sistema digestório:** boca, faringe, esôfago, estômago, intestino delgado, intestino grosso e ânus, tendo como anexos glândulas salivares, fígado e pâncreas.
d) **Sistema respiratório:** vias aéreas (fossas nasais, faringe, laringe, traqueia, brônquios) e dois pulmões (onde ocorre a absorção do oxigênio e a eliminação de gás carbônico).
e) **Sistema circulatório:** coração com quatro cavidades (dois átrios e dois ventrículos), com artérias (que levam o sangue do coração aos tecidos) e veias (que trazem o sangue de volta ao coração).

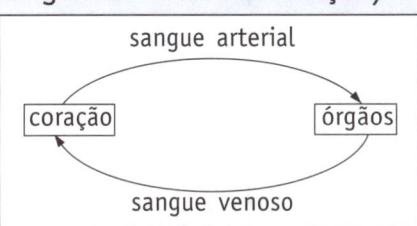

f) **Excreção:** urina (formada nos rins por filtração do sangue e eliminada por meio das vias urinárias) e suor (que sai na transpiração).
g) **Reprodução:** sexos separados com fecundação interna (união dos gametas no organismo da fêmea). A maioria é vivípara (o embrião desenvolve-se dentro da mãe). Há algumas espécies de mamíferos ovíparos. Dessas características, glândulas mamárias e pelos são exclusividade dos mamíferos (que se desenvolvem dentro de ovos, fora de suas mães).

PRINCIPAIS ORDENS DE MAMÍFEROS		
Ordem	Características	Exemplos
monotremados	ovíparos	ornitorrinco, equidna
marsupiais	com o marsúpio (bolsa onde os filhotes completam o desenvolvimento)	canguru, cuíca, gambá, coala
carnívoros	com dentes caninos bem desenvolvidos	leão, tigre, urso, lobo, onça, cão, gato etc.
roedores	com dois pares de dentes incisivos com crescimento contínuo	rato, castor, esquilo, cutia, capivara etc.
logomorfos	três pares de dentes incisivos	coelhos e lebres
desdentados	sem dentes ou com dentição incompleta	tamanduá, tatu, preguiça
proboscídeos	com tromba formada pelo nariz e maxilar superior	elefante
ungulados	a unha forma um casco	cavalo, asno, zebra, anta, rinoceronte
cetáceos	membros anteriores transformados em nadadeiras e posteriores atrofiados	baleia, boto, orca, golfinho
sirênios	membros anteriores transformados em nadadeiras e ausência de membros posteriores	peixe-boi
quirópteros	membros anteriores transformados em asas	morcego
primatas	com cérebro bastante desenvolvido	chimpanzé, gorila, ser humano

1. Quais são os animais pertencentes ao grupo dos vertebrados?

2. Cite duas características exclusivas dos mamíferos.

3. Qual é o primeiro alimento dos mamíferos?

4. Cite o nome dos órgãos que formam o sistema digestório dos mamíferos.

5. Quais são os órgãos anexos ao sistema digestório dos mamíferos?

6. Como é constituído o sistema respiratório dos mamíferos?

7. O que são animais endotérmicos?

8. Como é constituído o sistema circulatório dos mamíferos?

9. Quantas cavidades possui o coração dos mamíferos? Quais são elas?

10. Qual a diferença de funcionamento entre uma artéria e uma veia?

11. Quais são os produtos da excreção nos mamíferos?

12. Onde é formada a urina? Por onde é eliminada?

13. Por que se diz que a fecundação dos mamíferos é interna?

14. O que é marsúpio?

15. Há mamíferos ovíparos? Dê um exemplo.

16. Por que os mamíferos são considerados animais vivíparos?

17. Por que os ratos têm necessidade de roer com frequência?

18. Associe corretamente.

(A) mamíferos ovíparos
(B) mamíferos com cascos
(C) mamíferos com asas
(D) mamíferos com tromba
(E) mamíferos com dentes incisivos que crescem continuamente

( ) roedores
( ) proboscídeos
( ) ungulados
( ) quirópteros
( ) monotremados

19. Resolva as palavras cruzadas:

HORIZONTAIS

1. Reino dos seres vivos que engloba as bactérias e as cianobactérias.

2. Ordem de mamíferos à qual pertencem cães, gatos, onças etc.

3. Mamíferos aquáticos representados por baleias e golfinhos.

4. Que pertence à ordem dos quirópteros.

VERTICAIS

1. Mamíferos aquáticos com uma única espécie brasileira, o peixe-boi.

2. Mamíferos cujos filhotes completam o desenvolvimento dentro de uma bolsa abdominal da mãe.

3. Vaso que leva o sangue dos tecidos ao coração.

4. Lebres e coelhos.

3. Aves

Características gerais

a) Corpo coberto de **penas**; **bico córneo**; membros anteriores transformados em **asas** e **glândulas uropigianas** próximas à cauda, cuja secreção gordurosa serve para impermeabilizar as penas.

b) **Sistema digestório:** completo como nos mamíferos; apresenta um **papo** onde os alimentos são amolecidos; estômago dividido em **proventrículo** (para digestão química) e **moela** (para digestão mecânica).

c) **Sistema respiratório:** tipo pulmonar. Na traqueia há a **siringe** (órgão emissor de som). Os sacos aéreos se insinuam entre os órgãos abdominais e penetram nos ossos pneumáticos (ocos). São homeotérmicos.

d) **Sistema circulatório:** coração com quatro cavidades (dois átrios e dois ventrículos), artérias e veias, onde circulam dois tipos de sangue:

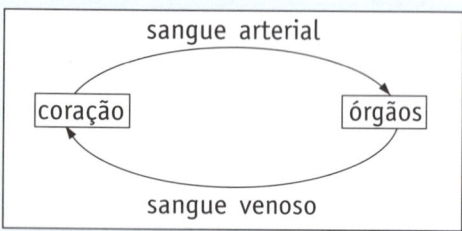

e) **Sistema urinário:** com dois rins, ureteres, que desembocam na cloaca, cavidade comum aos sistemas digestório, reprodutor e urinário.

f) **Adaptação ao voo:** corpo aerodinâmico; asas com penas; **sacos aéreos** e **ossos pneumáticos**. (por onde o ar que elas respiram penetra).

Fotos fora de escala.

g) **Bicos:** adaptados ao tipo de nutrição.

Bico que facilita a quebra de sementes.

Bico que possibilita a sucção do néctar.

Bico que possibilita a filtragem da água.

Bico que facilita a coleta de peixes.

h) **Pés:** adaptados ao ambiente (agarradores, nadadores, andadores, saltadores).
i) **Sentidos:** visão e audição bem desenvolvidas.
j) **Reprodução:** sexuada; fecundação interna; ovíparos. Os ovos eliminados devem ser chocados. A gema nutre o embrião. A casca porosa permite a passagem do ar.

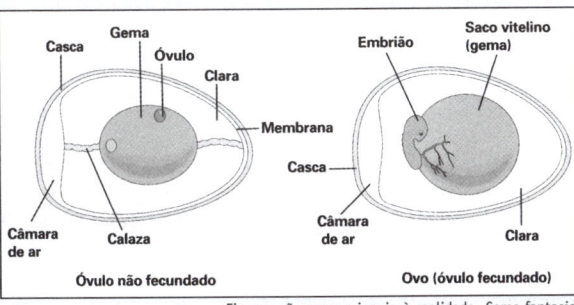

Figuras não proporcionais à realidade. Cores-fantasia.

1. Cite três características importantes das aves.

2. O que é glândula uropigiana? Qual a sua função?

3. Assinale a opção correta e justifique a afirmação.
O formato do bico das aves está relacionado com:
a) ( ) a circulação do sangue.
b) ( ) o voo.
c) ( ) a alimentação.
d) ( ) os sacos aéreos.

4. Relacione o tipo de pé à função:

a)

b)

c)

( ) trepar
( ) nadar
( ) caçar

5. Quais são os sentidos mais desenvolvidos nas aves?

6. Associe corretamente.

(A) siringe
(B) moela
(C) saco vitelíneo
(D) rins
(E) proventrículo

( ) estômago químico das aves
( ) filtração do sangue
( ) gema do ovo
( ) estômago mecânico das aves
( ) emissão de sons pelas aves

7. Assinale os órgãos que fazem parte do sistema respiratório das aves.

( ) rins   ( ) esôfago
( ) siringe   ( ) traqueia
( ) proventrículo ( ) pulmões
( ) sacos aéreos   ( ) papo

8. Complete as seguintes frases.

a) A reprodução das aves é _____ por fecundação _____, e elas são animais _____, porque o filhote se desenvolve no ovo, fora do organismo materno.

b) A _____ é o nutriente para o desenvolvimento do embrião.

c) A _____ do ovo das aves é porosa e permite a passagem do _____ para o embrião.

d) Por meio da cloaca as aves eliminam as fezes, a _____ e os _____.

e) Como adaptações ao voo, as aves têm um corpo _____, e as _____ se apoiam no ar movidas por poderosos músculos. O corpo é leve devido ao ar acumulado nos _____ e nos _____.

9. Alguns ossos das aves servem para facilitar o voo. Como são esses ossos?

10. O que é siringe?

11. O que são sacos aéreos?

12. Como é constituído o sistema circulatório das aves?

13. O morcego e o sabiá são vertebrados com asas e são classificados em diferentes classes. A qual classe esses animais pertencem? Por quê?

4. Répteis

Características gerais

a) **Locomoção**: pernas curtas se comparadas ao tamanho do corpo e, por isso, o ventre se arrasta pelo chão. Alguns répteis não possuem pernas, como as cobras.

b) **Ectotérmicos**: sua temperatura varia conforme a temperatura do ambiente.

c) Corpo coberto de **escamas** (lagartos e cobras), de **placas dérmicas** (crocodilos e jacarés) ou de **carapaças** (tartarugas).

d) **Sistema digestório**: completo, dentes quase todos iguais, exceto em cobras peçonhentas, ou ausentes em quelônios (tartarugas, jabutis etc.), terminando numa cloaca.

e) **Respiração**: pulmonar.

f) **Sistema circulatório**: com o coração dividido em três cavidades – **átrio direito**, que recebe sangue venoso (rico em gás carbônico), **átrio esquerdo**, que recebe sangue arterial (rico em oxigênio), e um **ventrículo**, no qual os sangues venoso e arterial se misturam.

g) **Excreção**: por meio de dois rins.

h) **Reprodução**: sexuada por fecundação interna. A maioria dos répteis é ovípara. Algumas cobras são ovovivíparas, isto é, o embrião se desenvolve dentro do ovo que permanece no interior da fêmea, e na postura os filhotes já estão desenvolvidos.

Ordens de répteis

I - **Quelônios**: tartarugas (aquáticas marinhas), cágados (aquáticos de água doce), jabutis (terrestres) etc.

Jacaré

Cobra

Fotos fora de escala.

Tartaruga marinha

Teiú: o maior lagarto encontrado no Brasil

II - **Crocodilianos**: o coração apresenta quatro cavidades: jacarés e crocodilos.

III - **Escamados**:
- **Lacertílios** ou **sáurios**: lagarto, lagartixa, camaleão, cobra-de-duas-cabeças, cobra-de-vidro.
- **Ofídios**: cobras.

Répteis não peçonhentos: sucuri, jiboia, muçurana, tartaruga, lagartos, lagartixas etc.

Répteis peçonhentos: naja (cobra africana e asiática), jararaca (natural do Brasil), cascavel, surucucu (no Brasil), coral-verdadeira, monstro-de-gila (lagarto mexicano).

Características gerais de cobras peçonhentas
a) A maioria delas tem a cabeça achatada e triangular.
b) A maioria possui olhos com pupila em forma de fenda vertical.
c) **Fosseta lacrimal** ou **loreal** entre o olho e a narina para a percepção do calor.
d) Dentes diferenciados ("presas") para a inoculação do veneno na posição frontal, isto é, na parte da frente do maxilar superior.
e) Cauda curta afinando abruptamente na extremidade (as cobras não peçonhentas, em geral, apresentam cabeça arredondada, pupila circular, cauda longa, não possuem fosseta loreal nem presas).

Cobra não-peçonhenta — narina
Cobra peçonhenta — narina, fosseta loreal

Figuras não proporcionais à realidade.

1. O nome **réptil** vem do latim e significa **arrastar-se**. Por que os répteis se locomovem arrastando o corpo pelo chão?

2. O que significa dizer que os répteis são animais ectotérmicos?

3. Em que a dentição das cobras peçonhentas difere da dentição das cobras não peçonhentas?

4. Como é a respiração dos répteis?

5. O desenho a seguir representa o coração de uma tartaruga. Escreva nas setas os tipos de sangue (venoso e/ou arterial) que circulam nesse órgão.

[Diagrama de coração com A.D., A.E. e V.]

6. O que significa réptil ovovivíparo?

7. Na tabela abaixo, escreva o número de cavidades do coração dos animais indicados:

Animais	Número de cavidades
jabuti	
papagaio	
jacaré	
lagartixa	
gato	
cascavel	

8. Assinale **certo** (C) ou **errado** (E) e justifique as afirmativas erradas.

a) Não existem lagartos peçonhentos. ( )

b) A sucuri e a jiboia não são cobras peçonhentas. ( )

c) Os répteis são animais endotérmicos. ( )

d) A naja é uma cobra peçonhenta natural da América do Sul. ( )

e) Fecundação interna e ovo com casca calcária são adaptações dos répteis ao ambiente terrestre. ( )

Justificativa(s):

9. Associe corretamente.

(A) quelônios
(B) crocodilianos
(C) lacertílios
(D) ofídios

( ) tartarugas e jabutis
( ) lagartos e lagartixas
( ) cobras
( ) crocodilos e jacarés

10. Para letras iguais você tem símbolos iguais. Depois que resolver o problema, nas casas onde houver um círculo você encontrará as letras que compõem o nome de um instituto científico mundialmente conhecido por fabricar soro antiofídico, entre outros produtos.

a) Um representante da ordem dos quelônios.

b) Nome de uma cobra não peçonhenta.

c) Animal que se locomove arrastando o corpo no solo.

d) Dentes com sulco ou canal para a injeção do veneno.

e) Substância injetada pelas cobras peçonhentas.

f) Parte do corpo arrastada pelos répteis durante a locomoção.

g) Os anticorpos são produzidos por uma .... de defesa do organismo a um corpo estranho.

h) Caracteriza a locomoção dos répteis o comprimento curto das ...., ou a ausência delas.

5. Anfíbios

Características gerais

a) Vivem na água na fase larvária (**girino**) e na terra na fase adulta.

b) Dividem-se em três ordens:

    I - **Urodelos** (quatro pernas e cauda): salamandra, tritão, proteus.

    II - **Anuros** (quatro pernas, sem cauda): sapo, rã, perereca.

    III - **Ápodes** ou **Gimnofiones** (com cauda, sem pernas): cobra-cega.

c) Pele nua, com numerosas glândulas produtoras de muco, as quais retêm a umidade necessária para a absorção de oxigênio – um par de glândulas venenosas nos sapos (**glândulas paratoides**) –, dois olhos com pálpebras, narinas e membrana timpânica.

d) **Sistema digestório**: completo, com a língua presa na porção anterior da boca. Termina na **cloaca** (cavidade comum onde os sistemas reprodutor, digestivo e excretor descarregam seus produtos).

e) São **ectotérmicos**.

f) **Sistema circulatório**: coração semelhante ao dos répteis.

g) **Respiração**: branquial (na fase larvária) e cutânea (pela pele), pulmonar e buco-faríngea (na fase adulta).

h) **Excreção**: por meio de dois rins.

i) **Reprodução**: sexuada por fecundação interna (em urodelos e ápodes) e externa (em anuros). Do ovo, colocado em água doce, forma-se o girino, que, após **metamorfose**, se transforma no adulto.

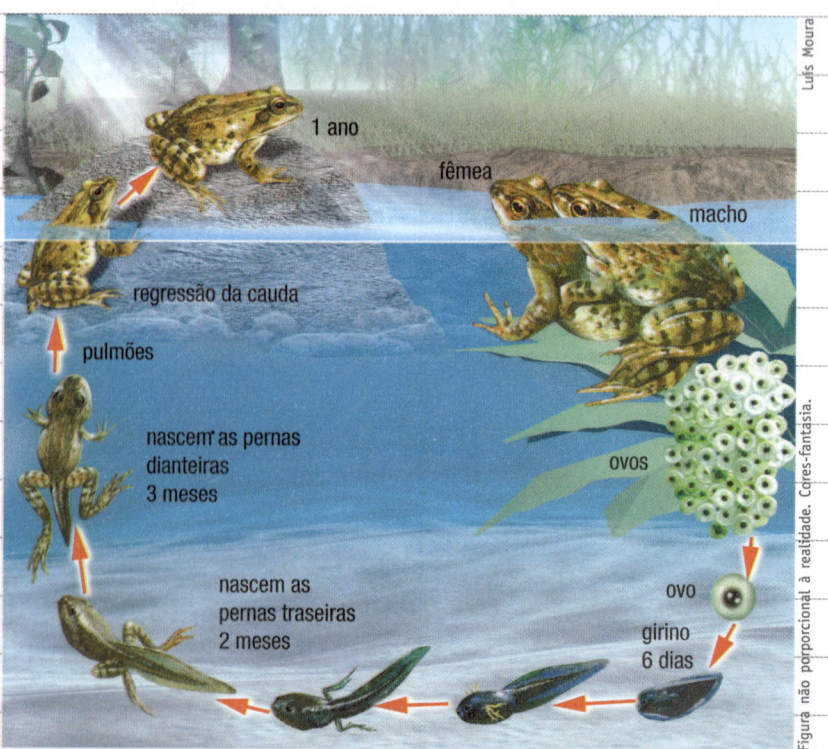

Reprodução da rã

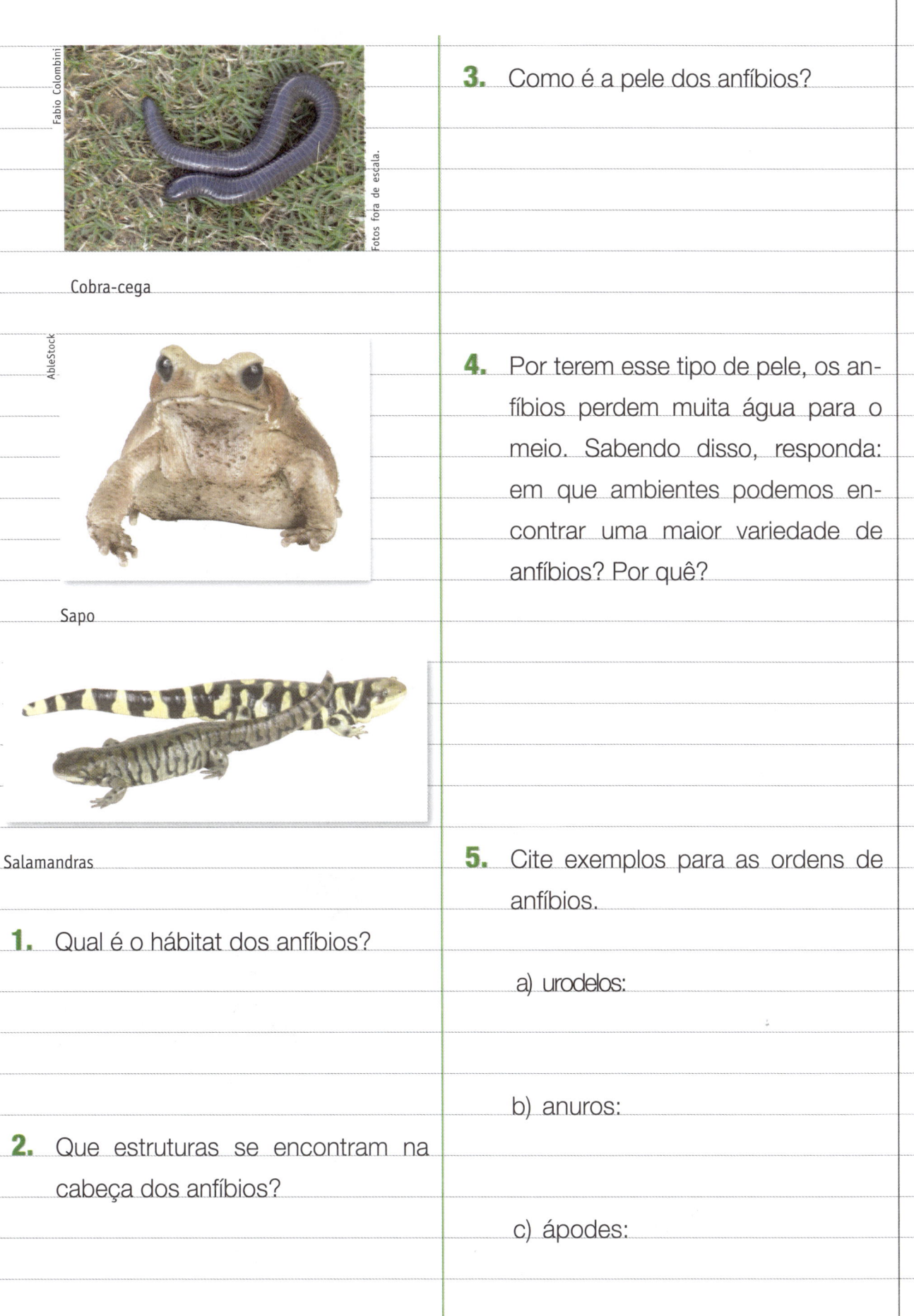

Cobra-cega

Sapo

Salamandras

1. Qual é o hábitat dos anfíbios?

2. Que estruturas se encontram na cabeça dos anfíbios?

3. Como é a pele dos anfíbios?

4. Por terem esse tipo de pele, os anfíbios perdem muita água para o meio. Sabendo disso, responda: em que ambientes podemos encontrar uma maior variedade de anfíbios? Por quê?

5. Cite exemplos para as ordens de anfíbios.

a) urodelos:

b) anuros:

c) ápodes:

6. Sublinhe os tipos de respiração que podem ser encontrados nos anfíbios e circule o tipo de respiração que ocorre na fase larvária.

   a) pulmonar
   b) branquial
   c) traqueal
   d) bucofaríngea
   e) cutânea

7. Na metamorfose de uma rã, o girino passa por várias etapas. Indique numericamente, nos parênteses, a ordem em que ocorrem essas várias etapas.
   (   ) regressão das brânquias e surgimento dos pulmões
   (   ) pernas posteriores
   (   ) brânquias e cauda
   (   ) regressão da cauda
   (   ) crescimento das pernas dianteiras

8. Complete as frases.
   a) Os anfíbios possuem _____, onde terminam os sistemas urinário, digestório e reprodutor.

   b) A larva dos anfíbios chama-se _____.

   c) Nos urodelos e ápodes a fecundação é _____, e nos anuros a fecundação é _____.

   d) Pelo coração dos anfíbios passam dois tipos de sangue: _____ e _____, e quanto à temperatura corporal, eles são animais _____.

   e) A língua dos anfíbios está presa na porção anterior da boca e captura insetos, que lhes servem de _____.

9. Identifique na figura a seguir as estruturas apontadas.

glândula

10. Assinale **certo** (C) ou **errado** (E) e justifique as afirmativas erradas.
a) Todos os anfíbios possuem quatro pernas. ( )
b) A pele dos anfíbios é ricamente vascularizada para facilitar a absorção de oxigênio. ( )
c) Todos os anfíbios produzem veneno por meio das glândulas paratoides. ( )
d) Para a formação da urina, os anfíbios possuem dois rins. ( )

Justificativa(s):

11. O que aconteceria com os sapos e as rãs se nos locais onde vivem houvesse desmatamentos e a água se tornasse imprópria?

12. Observe a figura que representa um coração de anfíbio.

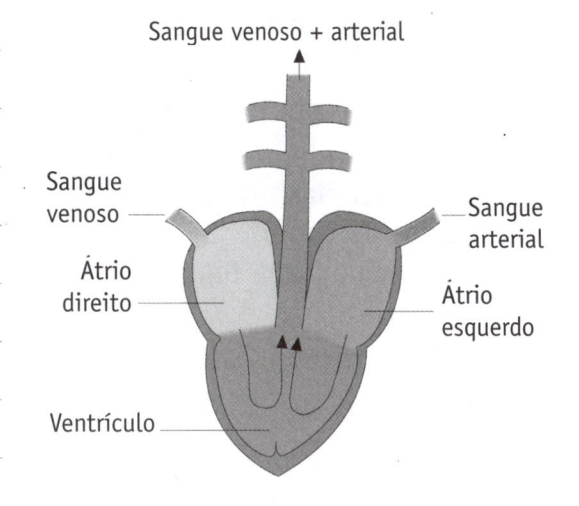

Figura não proporcional à realidade. Cores-fantasia.

• Que semelhança existe entre esse coração e o coração dos répteis em geral?

6. Peixes

Características gerais

a) Seu hábitat é exclusivamente aquático.

b) Locomovem-se por **nadadeiras**.

c) Seu corpo é hidrodinâmico e coberto de **escamas** visíveis (exceto os "peixes de couro": jaú, bagre, cascudo, mandi, que têm escamas diminutas).

d) São **ectotérmicos**.

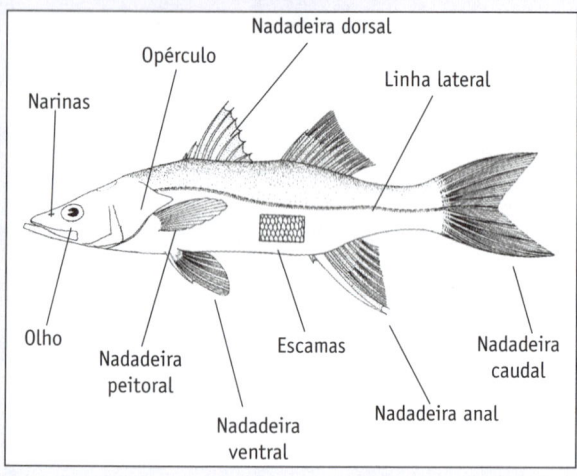

e) A boca é anterior ao corpo nos peixes de **esqueleto ósseo-osteícte** e ventral anterior nos peixes de **esqueleto cartilaginoso**. Estes são os condrictes.

f) **Linha lateral**: percepção das diferenças de pressão na água.

g) O **opérculo** cobre as brânquias (somente nos peixes ósseos).

h) A **bexiga natatória** (somente nos peixes ósseos), quando se enche de gases, deixa o peixe "leve" e ele sobe; quando se esvazia de gases, o peixe desce. Nos peixes dipnoicos-pulmonados, a respiração ocorre por meio da bexiga natatória (exemplo: piramboia, peixe do rio Amazonas).

i) Respiram por **brânquias**.

Outras características

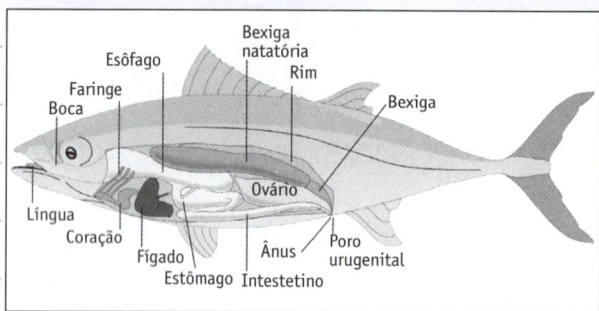

j) Nos peixes ósseos, o intestino termina no ânus; nos peixes cartilaginosos, termina na cloaca.

k) **Sistema circulatório**: coração com duas cavidades (um átrio e um ventrículo) por onde circula sangue venoso.

l) **Reprodução**: sexuada. Em algumas espécies de peixes a fecundação é externa (**ovíparos**), ocorre na água, a fêmea libera os óvulos e o macho os espermatozoides, com a fecundação se formam os ovos que posteriormente, com o desenvolvimento do embrião, tornam-se alevinos. Durante o período de reprodução muitas espécies migram para a nascente do rio para a desova, este fenômeno é chamado de piracema. Outras espécies possuem a fecundação interna (**ovovivíparos**), o macho deposita os espermatozoides através de uma nadadeira modificada dentro da cloaca da fêmea, após a fecundação a fêmea solta os ovos, o embrião se desenvolve, sem utilizar a nutrição da mãe, e torna-se alevino.

Peixe cartilaginoso

Peixe ósseo

4. Observe o esquema do interior do peixe e responda: Como é constituído o sistema digestório dos peixes?

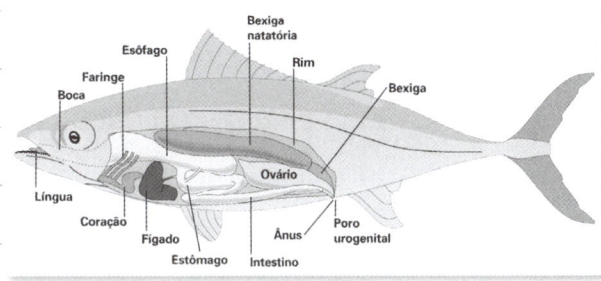
Figura não proporcional à realidade. Cores-fantasia.

1. Cite três características importantes dos peixes.

5. Como é a respiração dos peixes?

6. Como é o coração dos peixes? Que tipo de sangue circula nele?

2. Como pode ser o esqueleto dos peixes?

7. Qual é a grande diferença entre o coração dos peixes e o dos répteis e anfíbios?

3. Para que serve a bexiga natatória? Como é o seu funcionamento?

8. Associe corretamente.

(A) piracema
(B) dipnoicos
(C) opérculo
(E) alevino

( ) larva dos peixes
( ) respiração pela bexiga natatória
( ) cobertura das brânquias
( ) migração de peixes para a reprodução

9. Complete as frases.

a) O coração dos peixes é constituído de _____ cavidades, passando por elas unicamente sangue _____.

b) A _____ dá ao peixe as sensações de pressão e vibrações da água.

c) Nos peixes de esqueleto _____, as brânquias estão cobertas pelo _____.

10. Identifique as partes apontadas na figura.

11. Assinale (D) ou (M), conforme seja de água doce ou do mar o hábitat dos peixes.

( ) atum   ( ) dourado
( ) piranha   ( ) sardinha
( ) cascudo   ( ) truta
( ) bacalhau   ( ) tainha

12. Por que os peixes não piscam e não choram?

13. Assinale **certo** (C) ou **errado** (E) e justifique as afirmativas erradas.

a) Pelo coração dos peixes passa somente sangue arterial. ( )

b) As piranhas são peixes de água doce, e o bacalhau só é encontrado no mar. ( )

c) Os peixes de esqueleto cartilaginoso não possuem bexiga natatória. ( )

d) Todos os peixes respiram somente por brânquias. ( )

e) Nem todos os peixes têm o corpo coberto de escamas visíveis. ( )

Justificativa(s):

14. Por que a forma achatada e alongada dos peixes, chamada hidrodinâmica, é vantajosa para esses animais?

15. Complete a tabela.

	Peixes	
Estruturas	Osteíctes	Condrictes
Esqueleto		
Brânquias		
Boca		
Intestino		
Bexiga natatória		

7. Filo equinodermata ou equinodermos

Características gerais

a) Animais de hábitat exclusivamente marinho, com o corpo revestido de espinhos (com função locomotora em alguns). Simetria radiada.

b) **Classes:**
   I - **Asteroides:** estrela-do-mar
   II - **Equinoides:** ouriço-do-mar
   III - **Ofiuroides:** estrela serpentiforme ou ofiúro
   IV - **Holoturoides:** pepino-do-mar
   V - **Crinoides:** lírio-do-mar

Estrela-do-mar

Ouriço-do-mar

c) **Esqueleto:** interno e calcário.

d) **Sistema digestório:** com boca e ânus. Nos equinoides, a boca é provida de uma estrutura formada por cinco dentes calcários, que trituram o alimento, chamada de lanterna de aristóteles.

e) **Sistema hidrovascular** ou **ambulacrário:** conjunto de canais ligados aos **pés ambulacrários** (utilizados na locomoção) e à circulação.

f) **Respiração:** branquial.

Características gerais

a) Animais de hábitat exclusivamente marinho, com o corpo revestido de espinhos (com função locomotora em alguns). Simetria radiada.

b) **Classes:**
   I - **Asteroides:** estrela-do-mar
   II - **Equinoides:** ouriço-do-mar
   III - **Ofiuroides:** estrela serpentiforme ou ofiúro
   IV - **Holoturoides:** pepino-do-mar
   V - **Crinoides:** lírio-do-mar

c) **Esqueleto:** interno e calcário.

d) **Sistema digestório:** com boca e ânus. Nos equinoides, a boca é provida de uma estrutura formada por cinco dentes calcários, que trituram o alimento, chamada de lanterna de Aristóteles.

e) **Sistema hidrovascular** ou **ambulacrário:** conjunto de canais ligados aos **pés ambulacrários** (utilizados na locomoção) e à circulação.

f) **Respiração:** branquial.

g) **Pedicelárias:** estruturas entre os espinhos com pinças na extremidade para recolher pequenos animais. Em alguns, produzem substâncias venenosas contra os predadores.

h) **Reprodução**: sexuada por fecundação externa. Larvas com simetria bilateral, tornando-se radiada quando adultos. Possuem grande capacidade de regeneração.

1. Qual é uma das principais características do corpo dos equinodermos?

2. Qual o hábitat dos equinodermos?

3. O que é lanterna de aristóteles?

4. Quais são as funções relacionadas com o sistema hidrovascular dos equinodermos?

5. Como certos equinodermos se defendem de animais inimigos?

6. Quais as estruturas utilizadas na locomoção dos ouriços-do-mar?

7. Associe corretamente.

(A) pés ambulacrários
(B) sistema hidrovascular
(C) pedicelárias
(D) brânquias
(E) lanterna de aristóteles

( ) mastigação
( ) respiração
( ) locomoção dos equinodermos
( ) limpeza e defesa
( ) circulação e locomoção

8. Assinale as características que pertencem aos equinodermos.

a) ( ) corpo coberto de espinhos
b) ( ) esqueleto calcário
c) ( ) rins desenvolvidos
d) ( ) respiração branquial
e) ( ) respiração traqueal
f) ( ) grande capacidade de regeneração
g) ( ) sistema hidrovascular
h) ( ) fecundação interna

9. Resolva as palavras cruzadas:

HORIZONTAIS

1. Estruturas que revestem o corpo dos equinodermos.

2. Classe à qual pertencem as estrelas-do--mar.

3. Simetria dos equinodermos adultos.

VERTICAIS

1. Ambiente onde vivem os equinodermos.

2. Animais exclusivamente marinhos com o corpo revestido de espinhos.

3. Estruturas com pinças nas extremidades e que podem produzir substâncias venenosas.

8. Filo molusco

Características gerais

a) Animais de corpo mole, constituído de cabeça, pé e massa visceral (que contém os órgãos de digestão, respiração e reprodução), geralmente protegido por uma concha calcária.

b) **Classes:**
   I - **Gastrópodes:** caramujos, búzios (aquáticos) e lesmas (sem concha), caracóis (terrestres). Possuem 2 pares de tentáculos, um com função visual e outro com função tátil.
   II - **Pelecípodes ou bilvares:** ostras e mexilhões. Não possuem cabeça e têm duas valvas na concha.
   III - **Cefalópodes:** polvos (sem concha), lulas (concha interna), náutilos (concha externa). Pés modificados em tentáculos (8 nos polvos, 10 nas lulas e 40 nos náutilos) e olhos bem desenvolvidos.

c) **Locomoção:** por rastejamento (pelo pé), por ajuda de tentáculos e por jato-propulsão (cefalópodes) pelo funil exalante.

d) **Concha:** unialva (uma concha) e bivalva (concha com duas partes que se abrem por meio de um ligamento elástico encontrado na **charneira** e fecha-se por meio de músculos adutores). Internamente, em contato com o molusco, há uma camada branca-azulada e brilhante, a **madrepérola** ou **nácar**.

e) **Sistema digestório completo:** com **rádula** ("língua raladora" de alimentos, em alguns) e uma glândula digestiva ou **hepatopâncreas**.

f) **Pálio** ou **manto**: revestimento do molusco e formador da concha e das pérolas (nas ostras).

g) **Respiração**: branquial (nos aquáticos) e pela cavidade do manto ou cavidade palial, que funciona como pulmão (nos terrestres).

h) **Reprodução**: sexuada por fecundação externa, nos pelecípodes, e interna nos demais grupos.

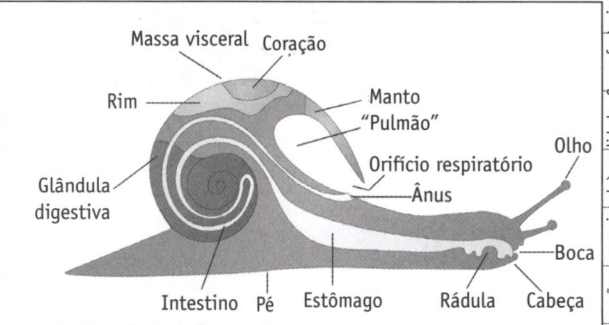

Caracol, de concha espiralada

Molusco de duas conchas

Lula, com concha interna

1. Cite três características comuns aos moluscos.

2. A concha é comum a todos os moluscos? Justifique sua resposta.

3. Como as conchas se abrem e se fecham?

4. As conchas são uma importante proteção para os moluscos. Por quê?

5. O que é nácar ou madrepérola?

6. Como os moluscos respiram?

7. Como é constituído o sistema digestório dos moluscos?

8. Identifique os moluscos e as classes a que eles pertencem.

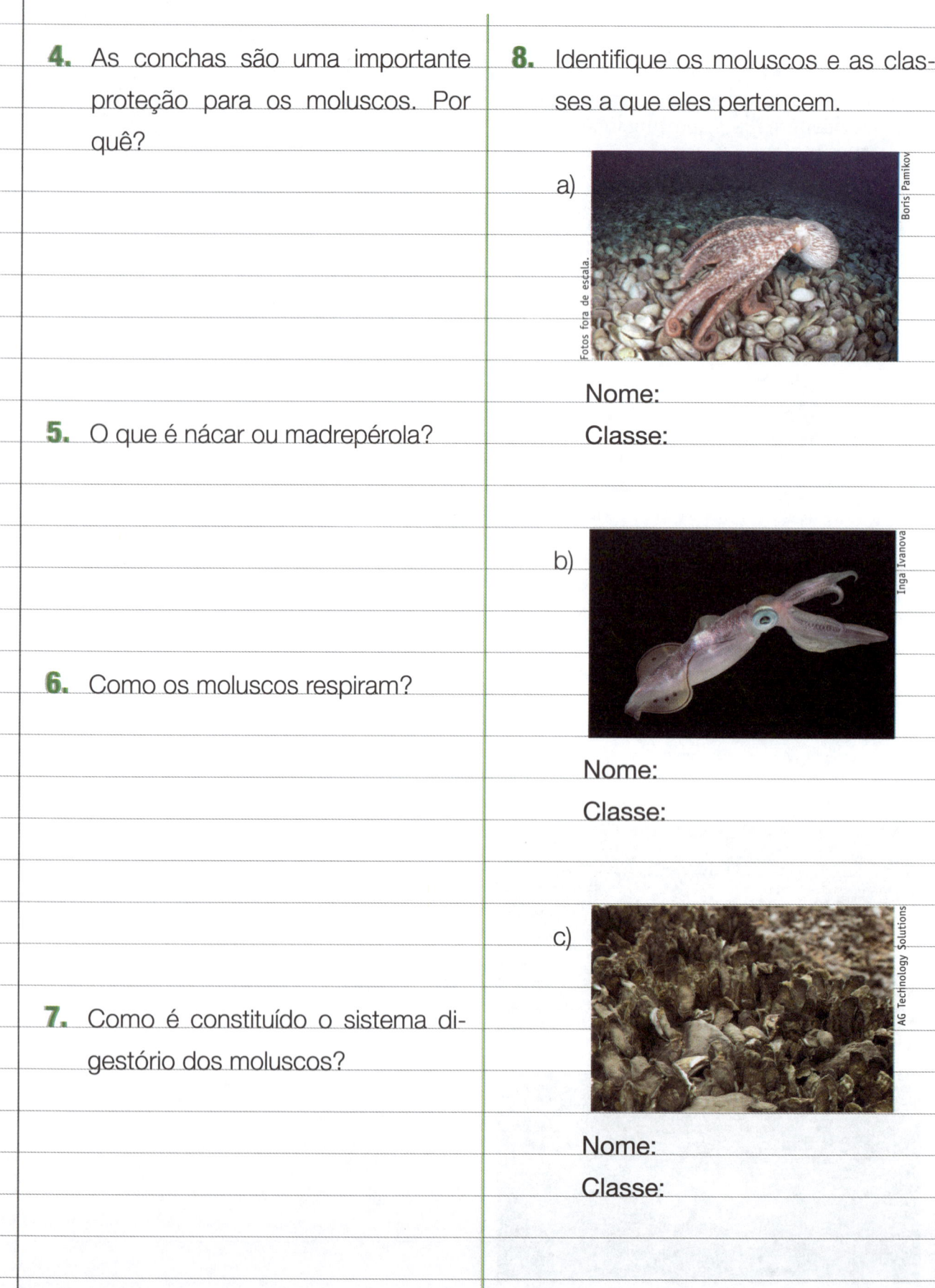

a)

Nome:
Classe:

b)

Nome:
Classe:

c)

Nome:
Classe:

d)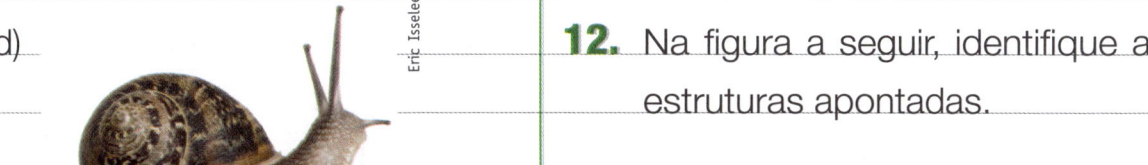

Nome:

Classe:

9. Associe a coluna da esquerda com a da direita.

(A) 8 tentáculos ( ) lulas
(B) 10 tentáculos ( ) polvos
(C) 40 tentáculos ( ) náutilos

10. O que é rádula? Qual a sua importância?

11. Como os cefalópodes se locomovem?

12. Na figura a seguir, identifique as estruturas apontadas.

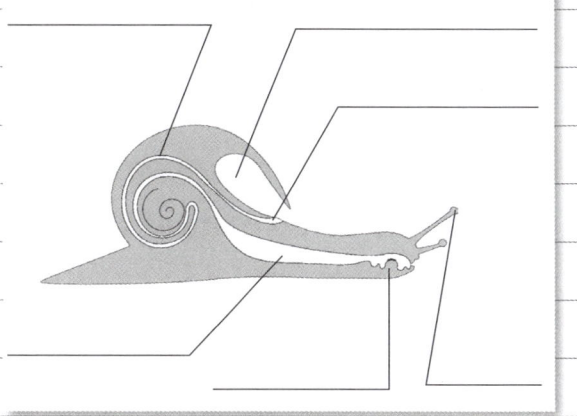

Figura não proporcional à realidade.

13. Complete as frases.

a) Na cabeça dos gastrópodes há dois pares de _____, um com função visual e outro com função _____.

b) Os órgãos de nutrição, de respiração e de reprodução nos moluscos situam-se na _____.

c) A cavidade palial é formada por uma dobra do _____, funcionando como _____ nos gastrópodes.

d) À custa de um .... na charneira, a concha dos pelecípodes mantém-se aberta e se fecha por ação dos músculos ....

14. Assinale **certo** (C) ou **errado** (E) e justifique as afirmativas erradas.

a) Os pelecípodes são acéfalos. ( )
b) A concha bivalva se fecha por contração dos músculos adutores e mantém-se aberta graças ao ligamento elástico da charneira. ( )
c) Os caracóis, moluscos terrestres, são pulmonados. ( )
d) A porção externa das conchas bivalvas é a madrepérola. ( )
e) Os pelecípodes deslocam-se por rastejamento e por jato-propulsão. ( )

Justificativa(s):

15. Resolva as palavras cruzadas:

HORIZONTAIS

1. Revestimento do corpo dos moluscos.
2. Espécie de molusco que produz pérolas.
3. "Língua" áspera de moluscos, que rala os alimentos.
4. Músculos responsáveis pelo fechamento das conchas bivalvas.
5. Molusco cefalópode que possui oito tentáculos.

VERTICAIS

1. Porção que liga as peças da concha bivalva como dobradiça.
2. Substância que forma a parte interna de conchas bivalvas.
3. Número de tentáculos dos polvos.
4. Doença transmitida por caramujo de água doce, também conhecida como barriga-d'água.
5. Glândula digestiva dos moluscos.

ANOTAÇÕES

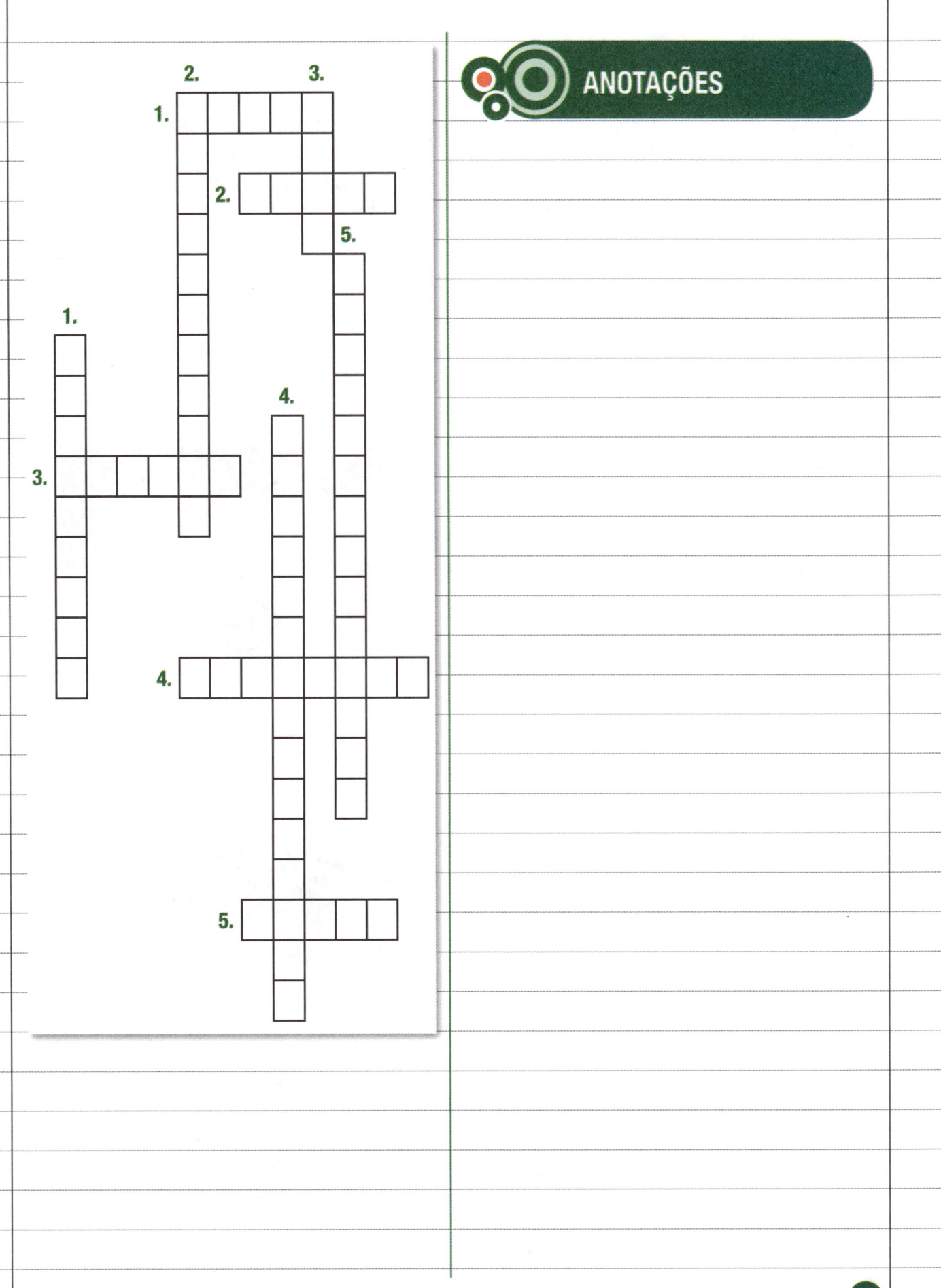

9. Artrópodes

Características gerais

a) Patas articuladas; corpo dividido em segmentos; exoesqueleto (esqueleto externo) de quitina, além de carbonato de cálcio (nos crustáceos) que dá maior rigidez; antenas (na maioria), e olhos.

b) **Grupos**:

Insetos: corpo dividido em cabeça, tronco e abdome; três pares de patas; um par de antenas; olhos; asas em pelo menos uma fase da vida; aparelho bucal de vários tipos: **lambedor** (em abelhas, moscas, vespas, formigas), **sugador** (em borboletas e mariposas), **mastigador** (em traças, baratas, gafanhotos, cupins, besouros) e **picador-sugador** (em mosquitos, pulgas, piolhos, percevejos).

Aracnídeos: cefalotórax e abdome; quatro pares de patas; não têm antenas; um par de palpos (apreensão do alimento e função sensorial); um par de quelíceras (apreensão da presa e, em alguns, inoculação de veneno).

Crustáceos: cefalotórax e abdome; número de patas varia, mas, em geral, cinco pares de patas; dois pares de antenas; olhos; a maioria é aquática.

Quilópodes: cabeça e tronco dividido em vários segmentos com um par de patas cada; um par de antenas; olhos; veneno.

Diplópodes: cabeça, tórax e abdome; corpo dividido em vários segmentos, com dois pares de patas cada um; um par de antenas; olhos.

c) **Sistema digestório**: completo com boca e ânus, alguns têm moela.

d) **Respiração**: branquial (em crustáceos), traqueal (nos demais) e filotraqueal (nos aracnídeos).

e) Os insetos possuem **asas**, mas estas podem ser ausentes (traças, piolhos e pulgas) ou aparecer somente na época da reprodução (formigas e cupins).

f) **Reprodução**: sexuada por fecundação interna; ovíparos em geral; desenvolvimento sem metamorfose (traças, aracnídeos, quilópodes e diplópodes) e com metamorfose (mudança de forma). Crescimento por **muda** (perda do exoesqueleto e aquisição de um novo maior do que o anterior).

Abelha (inseto)

Caranguejo (crustáceo)

Aranha (aracnídeo)

Lacraia (quilópode)

Piolho-de-cobra (diplópode)

DESENVOLVIMENTO DOS INSETOS		
Direto	**Indireto (metamorfose)**	
	Incompleta ex.: gafanhotos, baratas, piolhos, cupins.	**Completa** ex.: moscas, borboletas.
ex.: traças		
ovo → jovem → adulto	ovo → ninfa → adulto	ovo → larva → pupa → adulto

1. Dê três características importantes dos artrópodes.

2. Dê exemplos de insetos conforme seu aparelho bucal.

a) Lambedor:

b) Sugador:

c) Mastigador:

d) Picador-sugador:

3. Os insetos sempre possuem asas? Justifique sua resposta.

4. Como os insetos respiram?

5. De que modo os insetos se reproduzem e como é o seu desenvolvimento?

6. Consulte a tabela de desenvolvimento dos insetos e responda:
• Qual a diferença entre metamorfose completa e metamorfose incompleta?

7. Como é constituído o corpo dos aracnídeos?

8. Como os aracnídeos respiram?

9. Como é a reprodução e o desenvolvimento dos aracnídeos?

10. Como é dividido o corpo dos crustáceos?

11. Por que o esqueleto dos crustáceos apresenta grande rigidez?

12. Como os crustáceos respiram?

13. Como é a reprodução dos crustáceos?

14. O que é muda?

15. Diferencie uma barata de uma lagosta, levando em conta as partes do corpo e o número de antenas.

16. Complete a tabela.

Classe de artrópodes	Partes do corpo	Número de patas
Insetos: pulga, traça, libélula, percevejo, borboleta, abelha, formiga.		
Aracnídeos: ácaro, aranha, escorpião, carrapato.		
Crustáceos: lagosta, camarão, caranguejo, siri, tatuzinho de jardim.		
Quilópodes: lacraia.		
Diplópodes: piolho-de-cobra.		

10. Anelídeos

Características gerais

a) **Corpo cilíndrico** dividido em **anéis**.
b) **Locomoção:** por músculos circulares e longitudinais que se contraem.
c) **Hábitat:** terra úmida (minhocas), água doce (sanguessugas) e água salgada (nereide).
d) Presença ou ausência de cerdas; seu número divide os anelídeos em três classes:

 I - **Oligoquetos** (com poucas cerdas: minhocas); pele fina e que produz muco que a mantém úmida;

 II - **Poliquetos** (com muitas cerdas: nereide);

 III - **Hirudíneos** (sem cerdas: sanguessugas).

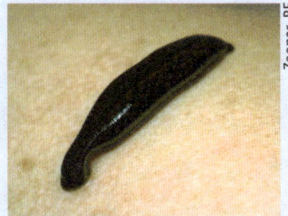

Fotos fora de escala.

e) **Parapódios:** saliências no corpo dos poliquetos, concentrando as cerdas; auxiliam a locomoção.

f) **Respiração**: cutânea através da pele em minhocas e sanguessugas e branquial nos demais.

g) **Reprodução**: sexuada por fecundação externa. Sexos separados nos poliquetos e hermafroditismo nos demais.

O indivíduo hermafrodita possui um órgão que produz as células reprodutoras femininas e um órgão que produz as masculinas.

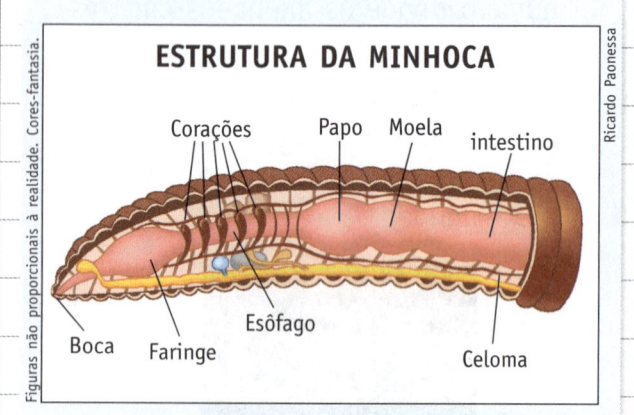

ESTRUTURA DA MINHOCA

Corações — Papo — Moela — intestino
Boca — Faringe — Esôfago — Celoma

Figuras não proporcionais à realidade. Cores-fantasia.
Ricardo Paonessa

Para se reproduzir, as minhocas colocam-se ventre a ventre em posição invertida. Lançam os espermatozoides nos **receptáculos seminais**. Constroem um casulo ao redor do **clitelo**, onde os óvulos são lançados e posteriormente fecundados pelos espermatozoides, formando ovos, origem de novos animais.

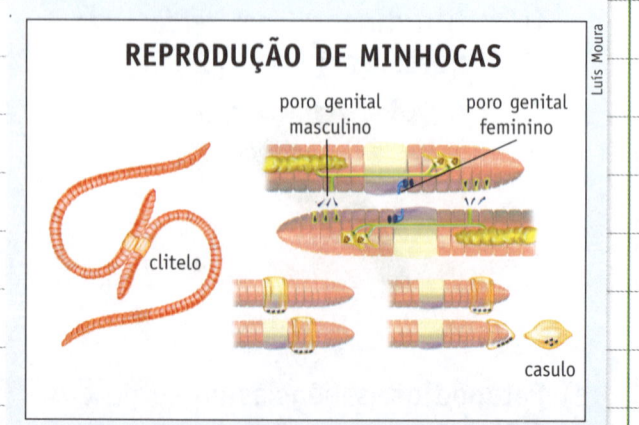

REPRODUÇÃO DE MINHOCAS

clitelo — poro genital masculino — poro genital feminino — casulo

Luís Moura

Lembre que:

As minhocas escavam túneis em solos úmidos e se alimentam de detritos orgânicos contidos na terra que elas ingerem. Ao final da digestão, as minhocas eliminam as fezes com nutrientes que se misturam à terra. Com isso, contribuem para adubar, afofar e arejar a terra, favorecendo a absorção de oxigênio e o desenvolvimento das plantas.

1. Qual a característica externa mais importante dos anelídeos?

2. Qual o critério utilizado pelos cientistas para dividir os anelídeos em classes?

3. Quais as principais classes em que estão divididos os anelídeos? Dê exemplos.

4. O que são parapódios? Qual a sua importância?

5. Como os poliquetos se reproduzem?

6. Qual é o hábitat das minhocas?

7. Relacione a minhoca à qualidade do solo.

8. Como são as minhocas quanto ao sexo?

9. Escreva nos parênteses a sequência das etapas que ocorrem na reprodução das minhocas.

( ) separação dos corpos das minhocas e construção de um casulo ao redor do clitelo

( ) posição ventre a ventre das minhocas, colocando em contato os poros genitais masculinos com os receptáculos seminais

( ) os óvulos são fecundados dentro do casulo, originando ovos

( ) injeção dos espermatozoides

( ) eliminação dos óvulos dentro do casulo

( ) o casulo desloca-se e passa pelos orifícios dos receptáculos seminais

10. Qual é o hábito alimentar das minhocas?

11. Como as minhocas respiram?

12. O que as minhocas possuem para permitir o seu deslocamento?

Lembre que:

A sanguessuga é um parasita externo de muitos animais. Por meio de ventosas, fixa-se na superfície do hospedeiro.

13. Quais as características dos hirudíneos? Exemplifique.

11. Nematelmintos

Características gerais
Vermes de corpo cilíndrico não segmentado, afilado nas extremidades, envolvidos por uma cutícula resistente. Há desde espécies microscópicas até aquelas que podem chegar a 10 metros de comprimento. Reproduzem-se sexuadamente por fecundação interna, produzindo ovos que se transformam em larvas. Sistema digestório completo.

Hábitat: há espécies terrestres, aquáticas (em geral, em água doce) e parasitas que vivem em seres hospedeiros.

I - **Lombriga** (*Ascaris lumbricoides*): de cor rósea-esbranquiçada, mede cerca de 20 cm de comprimento. Produz no ser humano a **ascaridíase**, transmitida por água e alimentos crus contaminados por ovos do verme, eliminados pelas fezes do doente. Os ovos, ingeridos, atingem a circulação, transformando-se em larvas que se tornam adultas e passam a viver no intestino alimentando-se dos nutrientes do indivíduo. A lombriga não é digerida porque possui uma cutícula protetora que resiste à ação dos sucos digestivos.

CICLO DE VIDA DA LOMBRIGA

as larvas circulam por diversos órgãos até chegarem ao intestino

ingestão de água ou de alimento contaminado

ovo com larva

vermes no intestino

ovo se rompe no intestino

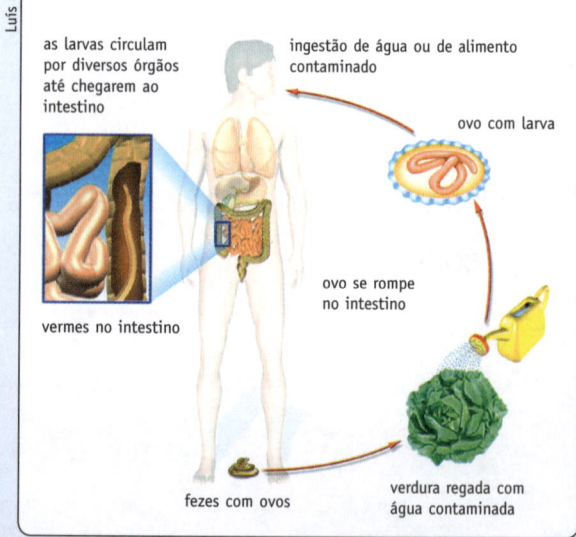

fezes com ovos

verdura regada com água contaminada

Figuras não proporcionais à realidade. Cores-fantasia.

II - **Ancilóstomo** (*Ancylostoma duodenale*) e **necátor** (*Necator americanus*), causadores do **amarelão**. Medem cerca de 1 cm de comprimento, reproduzem-se sexuadamente, produzindo ovos que se transformam em larvas. Possuem estruturas na boca que perfuram a parede intestinal do indivíduo infestado, fazendo-a sangrar. Com isso, o doente fica anêmico, pálido, de cor amarelada. A contaminação é feita por larvas, que penetram no corpo através da pele dos pés.

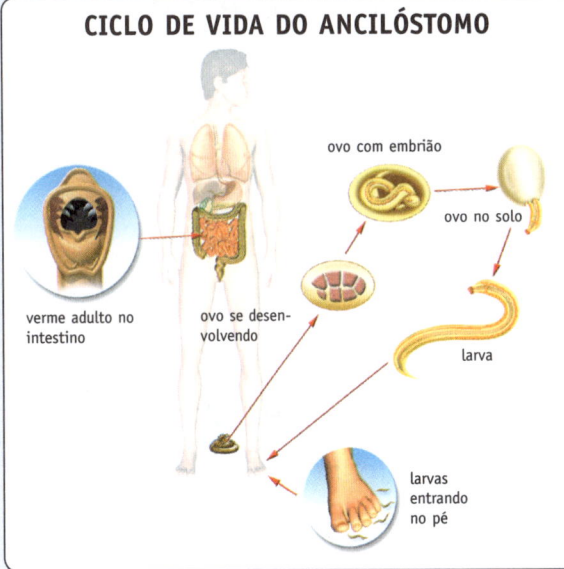

CICLO DE VIDA DO ANCILÓSTOMO

verme adulto no intestino
ovo se desenvolvendo
ovo com embrião
ovo no solo
larva
larvas entrando no pé

Figuras não proporcionais à realidade. Cores-fantasia.

III - **Filária** (*Wuchereria bancrofti*): vive nos vasos linfáticos do ser humano. Quando adultas, medem cerca de 4 cm de comprimento e, encontradas em grande número, obstruem os vasos, impedindo a circulação, fazendo a linfa fluir para os tecidos em torno, produzindo um inchaço, principalmente nos membros inferiores. É transmitida por picadas de mosquitos (gênero *Culex*). A doença que esse verme causa é a **elefantíase**.

Lembre que:

O **bicho geográfico**, que se instala na pele dos pés, provocando uma intensa coceira e formando manchas que lembram mapas, é causado por larvas do verme *Ancylostoma brasiliensis*, que vive no intestino de cães.

Deve-se evitar andar em locais onde cães defecam.

1. Como se distinguem pela forma os nematelmintos?

2. Caracterize a lombriga.

3. Por que a lombriga não é digerida em nosso intestino?

4. Como é a reprodução das lombrigas?

5. Como o indivíduo adquire a ascaridíase?

6. De que maneira um indivíduo pode evitar a ascaridíase?

7. O que é amarelão?

8. Como o indivíduo contrai o amarelão?

9. O que você entende por bicho geográfico? O que fazer para evitá-lo?

10. O que é elefantíase? Como é transmitida?

11. Por que o nome elefantíase é dado a essa doença?

12. Platelmintos

Características gerais

Vermes de corpo achatado contínuo ou segmentado. Possuem sistema digestório incompleto, com boca, faringe e intestino. Não possuem sistema respiratório nem circulatório. São três as suas classes principais:

I - **Turbelários**: de vida livre. Ex.: planária.

II - **Trematoides**: parasitas de corpo contínuo provido de ventosas. Ex.: *Schistosoma mansoni* (esquistossomo).

III - **Cestoides**: parasitas, de corpo segmentado, providos de ventosas. Ex.: solitárias (*Taenia solium* e *Taenia saginata*), também chamadas de tênias.

Corpo dos cestoides: cabeça ou escólex + colo + estróbilo (conjunto de segmentos ou proglotes). Hermafroditas. Reprodução por autofecundação.

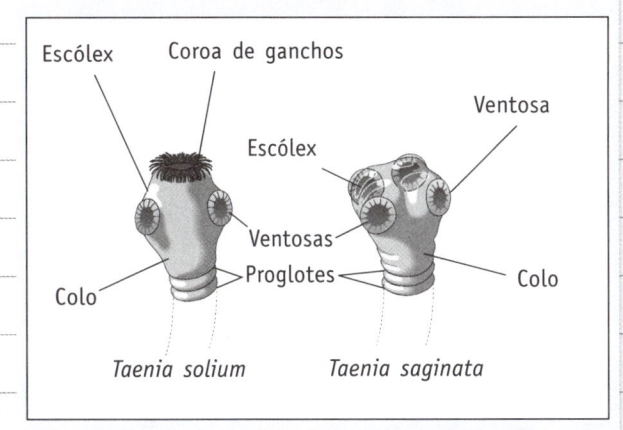

As **tênias** causam no ser humano a **teníase**, por ingestão de carne mal cozida de porco (*Taenia solium*) ou de boi (*Taenia saginata*) contendo larvas (**cisticercos**) ou "canjiquinhas".

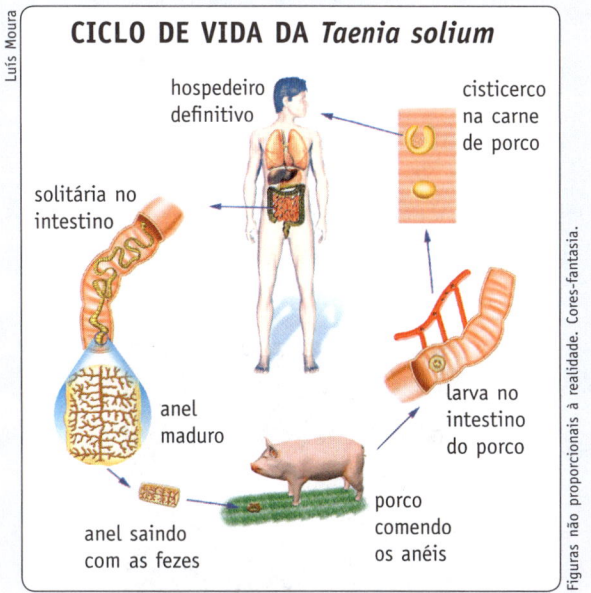

CICLO DE VIDA DA *Taenia solium*

Se uma pessoa ingerir ovos de tênia, adquire a **cisticercose**, de gravidade maior, pois o cisticerco (larva) se instala em órgãos vitais, como o cérebro e os pulmões, produzindo pequenos tumores.

O **esquistossomo** produz no ser humano a **esquistossomose** ou **barriga-d'água**. O transmissor do verme é um caramujo de água doce (*Biomphalaria*) hospedeiro da forma larval, **miracídio**, que abandona o caramujo na forma **cercária**. As cercárias penetram na pele do ser humano, atingem a circulação e no fígado ficam adultas, fazendo extravasar plasma para os tecidos abdominais, produzindo um inchaço.

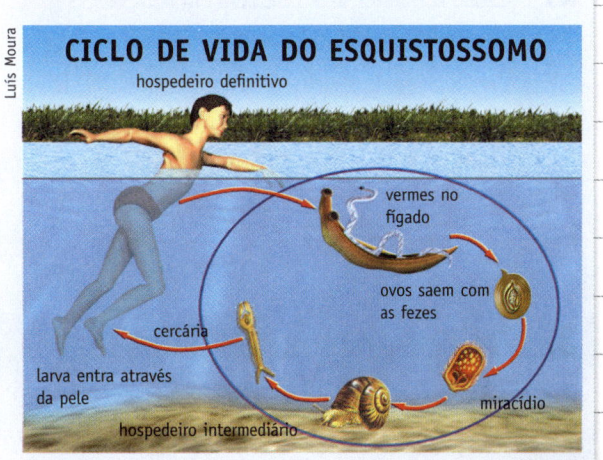

CICLO DE VIDA DO ESQUISTOSSOMO

As **planárias aquáticas** reproduzem-se assexuadamente por fragmentação transversal do corpo e sexuadamente por cópula (contato dos corpos em que uma injeta na outra os espermatozoides). Apresentam capacidade de regeneração. Cortadas transversalmente, formam novas planárias.

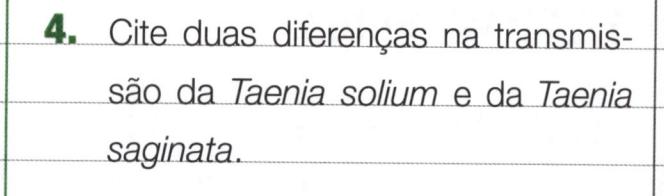

Planária aquática

1. Quais as classes em que estão divididos os platelmintos? Dê exemplos.

2. Como são os platelmintos?

3. Os platelmintos são parasitas?

4. Cite duas diferenças na transmissão da *Taenia solium* e da *Taenia saginata*.

5. De que maneira um indivíduo sadio adquire a teníase?

6. Como as planárias aquáticas se reproduzem?

7. O que acontece quando se corta transversalmente uma planária aquática em dois ou três pedaços?

8. De que maneira ocorre a propagação da teníase?

9. Quando a contaminação pela tênia adquire gravidade?

10. Associe corretamente.

(A) ancilóstomo
(B) lombriga
(C) esquistossomo
(D) solitária
(E) *Wuchereria bancrofti*

( ) elefantíase
( ) teníase
( ) ascaridíase
( ) barriga-d'água
( ) amarelão
( ) andar descalço
( ) ovos de lombriga
( ) banhos em lagoas contendo caramujos
( ) picada de mosquitos contaminados por ovos de filária
( ) carne de porco malcozida

11. Assinale **certo** (C) ou **errado** (E) e justifique as afirmativas erradas.

a) O hospedeiro intermediário do *Schistosoma mansoni* é um caramujo do gênero *Biomphalaria*. ( )

b) O que se conhece como "canjiquinhas" nada mais são do que as larvas das solitárias. ( )

c) As planárias aquáticas, quando seccionadas transversalmente, morrem. ( )

d) O bicho geográfico nada mais é do que a larva do *Ancylostoma duodenale*. ( )

e) As carnes de boi e de porco podem transmitir a teníase. ( )

Justificativa(s):

12. Identifique as estruturas numeradas no desenho.

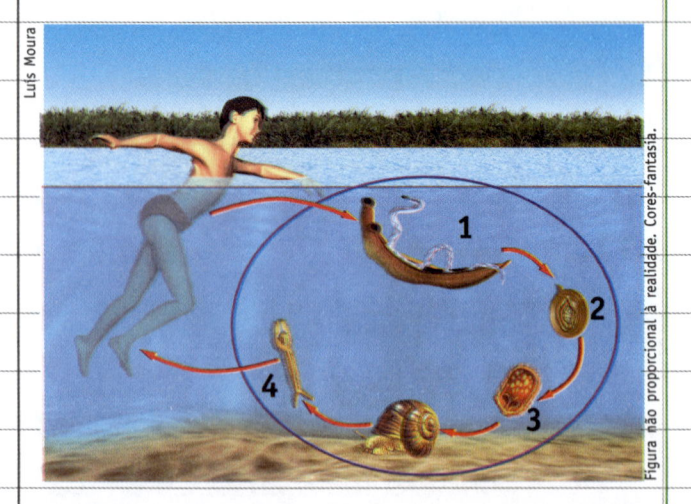

1.
2.
3.
4.

13. Jeca-Tatu, personagem criada por Monteiro Lobato, ficou forte e sadio depois que começou a andar calçado. Ele tinha uma doença causada por um platelminto ou nematelminto?

14. Observe, nas páginas anteriores, o esquema do ciclo de vida de um verme nematelminto (lombriga) e de um platelminto (tênia). Quantos e quais hospedeiros fazem parte do ciclo de vida desses parasitas?

13. Cnidários e poríferos

Características gerais dos cnidários

a) Animais aquáticos, predominantemente marinhos.

b) Corpo formado por duas camadas de células, entre as quais há uma camada de substância gelatinosa (**mesogleia**), rica em água e proteínas, limitando uma **cavidade gastrovascular**. Possuem tentáculos ao redor da boca.

c) **Formas corporais: pólipo** ou fixa pelo disco basal ou pé (hidras, corais, anêmonas-do-mar) e **medusa** ou móvel (águas-vivas).

d) **Célula característica: cnidoblasto** (para ataque e defesa, injeta um líquido urticante).

ESTRUTURA DO CNIDOBLASTO

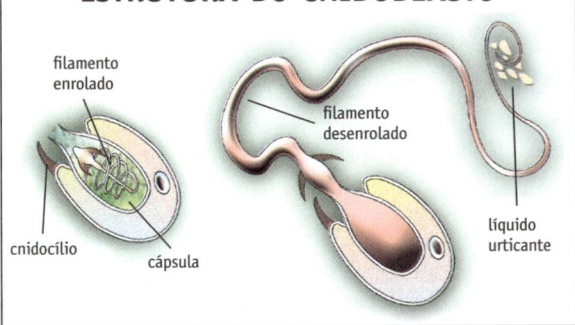

- filamento enrolado
- filamento desenrolado
- cnidocílio
- cápsula
- líquido urticante

Figura não proporcional à realidade. Cores-fantasia.

e) **Classes de cnidários:**

I - **Hidrozoários:** pólipos e medusas, de água doce e salgada. Ex.: *Hydra* (água doce), caravelas. Os pólipos são fixos pelo pé.

II - **Cifozoários:** pólipos e medusas, sendo a medusa a forma predominante; exclusivamente marinhos. Ex.: água-viva.

III - **Antozoários:** exclusivamente pólipos e marinhos. Ex.: corais, anêmonas-do-mar.

f) **Reprodução:** assexuada e sexuada, podendo ocorrer alternância de gerações (**metagênese**).

Medusa

Anêmona-do-mar

Corais

Características gerais dos poríferos

a) Animais aquáticos de água doce ou salgada (a maioria das espécies).

b) Corpo formado por duas camadas de células com diferentes funções, apresentando, às vezes, **espículas calcárias** entre elas.

c) Corpo revestido de **poros** pelos quais a água entra, vai a uma cavidade central ou **átrio** e sai por uma abertura (**ósculo**).

d) **Reprodução**: assexuada (por brotamento) e sexuada.

Esponja

1. Nas figuras abaixo, identifique as classes de cnidários.

medusa — cnidários — anêmona — hidra

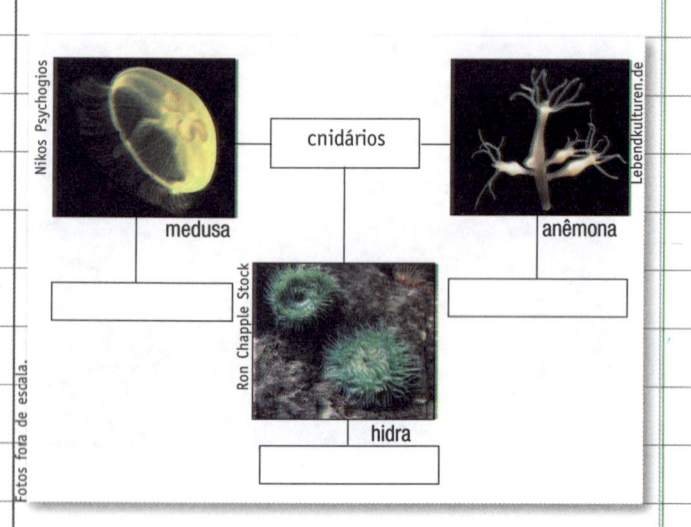

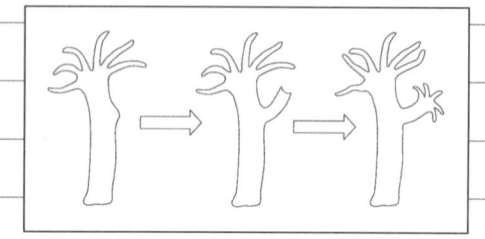

2. Identifique as partes de um pólipo.

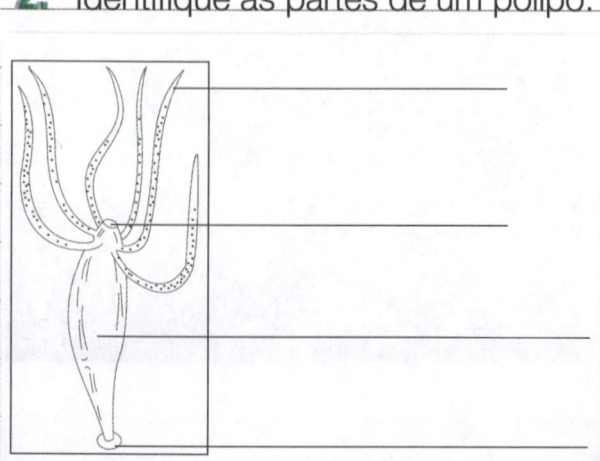

3. Observe a figura.

O que ela ilustra?

4. Observe a figura.

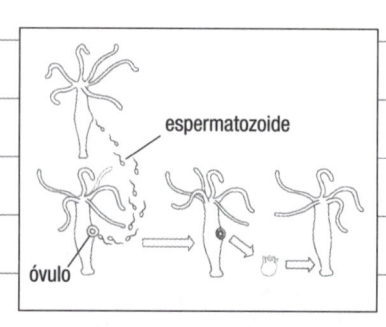

espermatozoide
óvulo

O que ela ilustra?

5. Observe a figura.

medusas sexuadas
colônia
Figura não proporcional à realidade.

• O que ela ilustra?

6. Qual é a célula característica do grupo dos cnidários? Qual a sua função?

7. Em que formas podem se apresentar os cnidários?

8. O que são hidrozoários? Dê exemplos.

9. O que são antozoários? Dê exemplos.

10. O que são cifozoários? Dê um exemplo.

53

11. Identifique as partes de um porífero.

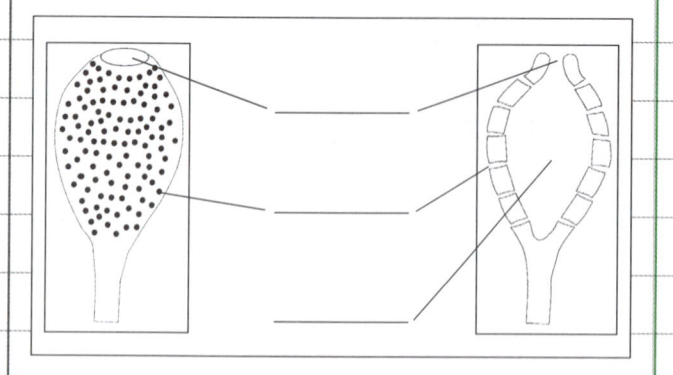

12. Associe corretamente.

(A) hidrozoários
(B) cifozoários
(C) antozoários
(D) espongiários

( ) espículas de calcário ou de sílica
( ) hidras e caravelas
( ) formam recifes de corais
( ) os pólipos duram pouco tempo em relação às medusas

13. Resolva as palavras cruzadas:

HORIZONTAIS

1. Células urticantes dos cnidários.

2. Forma móvel dos cnidários.

3. Animais cujo corpo possui numerosos poros.

4. Abertura pela qual sai a água do corpo dos espongiários.

VERTICAIS

1. Parte pela qual o pólipo se fixa.

2. Animal cujo esqueleto forma estruturas que constituem perigo às embarcações.

3. Animais aquáticos que possuem células urticantes.

4. Forma fixa dos cnidários.

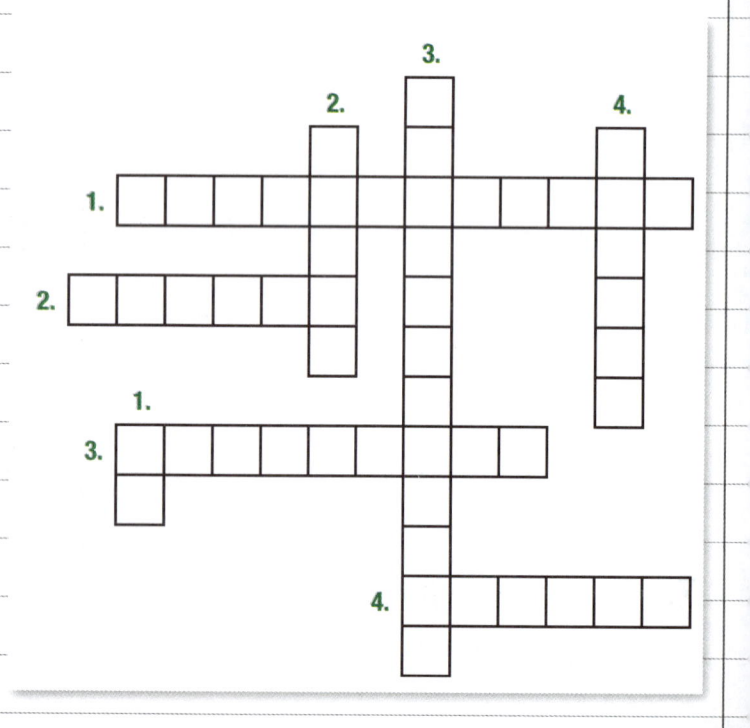

14. Assinale a alternativa correta.

a) A alternância de gerações sexuada e assexuada é denominada:

anêmona ( )
pólipo ( )
medusa ( )
metagênese ( )

b) A cavidade interna dos poríferos é denominada:

ósculo ( )
átrio ( )
espongina ( )
espícula ( )

c) Células urticantes dos cnidários são denominadas:

espículas ( )
ósculos ( )
cnidoblastos ( )
gonozoides ( )

d) A cavidade interna dos cnidários é denominada:

cavidade oscular ( )
cnidoblastos ( )
cavidade gastrovascular ( )
antozoário ( )

15. Por que os cnidários são animais transparentes?

ANOTAÇÕES

O REINO VEGETAL

14. Organização e diversidade

Célula vegetal: apresenta **parede de celulose**, membrana plasmática, citoplasma e núcleo. No citoplasma há presença dos **cloroplastos** e do **vacúolo** (cavidade).

MODELO DE CÉLULA VEGETAL

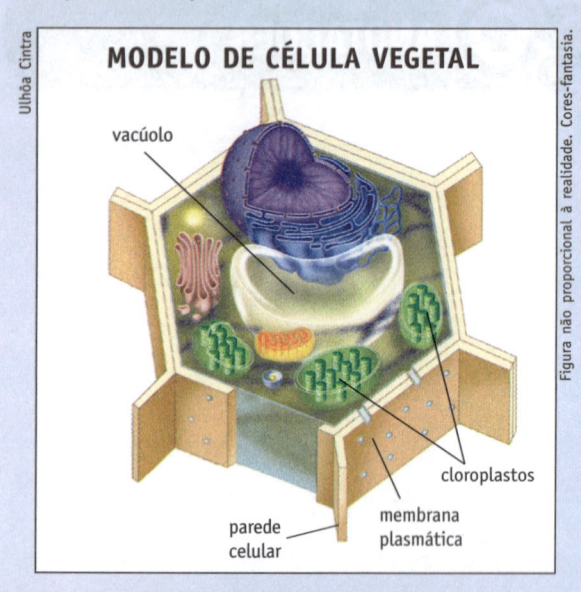

(vacúolo, cloroplastos, parede celular, membrana plasmática)

Figura não proporcional à realidade. Cores-fantasia.

Cloroplastos: corpúsculos do citoplasma que contêm clorofila.

Clorofila: substância verde que absorve energia luminosa, que é transformada em energia química, pelo processo de fotossíntese.

Fotossíntese:

Água + Gás carbônico $\xrightarrow{Luz}$ Glicose + Oxigênio

Respiração:

Célula + Célula = Tecido

Tecido + Tecido = Órgão (raiz, caule, folha, flor, fruto, semente)

Órgãos dos vegetais

Raiz: absorção de nutrientes minerais do solo para nutrição, dependendo do vegetal também possui a função de sustentação.

Caule: condução das seivas vegetais para nutrição.

Folha: fotossíntese.

Flor, fruto, semente: reprodução.

Classificação dos vegetais

Plantas:
- **Criptógamas:** não possuem flores nem sementes
- **Fanerógamas** (possuem sementes)
  - **Gimnospermas:** não produzem frutos
  - **Angiospermas:** produzem frutos

Criptógama (samambaia)

Gimnosperma (pinheiro)

Angiosperma (toranja)

Fotos fora de escala.

1. Identifique os órgãos vegetais apontados.

2. Responda às questões.

a) Qual é a fonte de energia para a vida na Terra?

b) Como a energia do Sol é aproveitada pelas plantas?

c) Em que estruturas das células vegetais se realiza a fotossíntese?

d) Qual a importância da fotossíntese?

e) Qual é a cor da clorofila? Em geral, qual parte da planta possui grande quantidade dessa substância?

3. A figura abaixo representa uma célula vegetal. Escreva os nomes das partes da célula.

4. Complete as frases.

a) Durante a fotossíntese as plantas absorvem luz,   e   e produzem   e   .

b) As células vegetais encontram-se agrupadas e formam   .

c) Os órgãos vegetais são conjuntos de _____.

d) A raiz, o caule e as folhas participam da _____ dos vegetais, enquanto as _____ se destinam à reprodução.

e) Como produto da reprodução dos vegetais, formam-se as _____ que, ao germinarem, garantem a perpetuação das espécies vegetais.

5. Associe corretamente.

(A) fanerógamos
(B) criptógamos
(C) angiospermas
(D) gimnospermas

( ) vegetais cujas sementes se formam em frutos
( ) vegetais que formam sementes
( ) vegetais cujas sementes são nuas
( ) vegetais que não possuem flor como órgão de reprodução

6. Resolva as palavras cruzadas:

HORIZONTAIS

1. Síntese de substâncias orgânicas a partir de substâncias minerais com a participação da luz solar.

2. Agrupamentos de células semelhantes que vão constituir órgãos.

3. Produto da reprodução das flores.

VERTICAIS

1. Substância verde dos vegetais que absorve energia luminosa.

2. Vegetais que produzem frutos.

3. Tecido que não forma órgão.

15. A flor

Flor: órgão de reprodução das angiospermas.

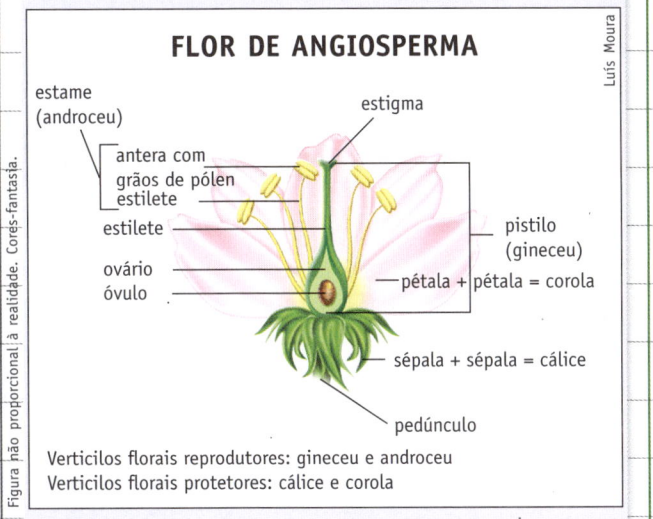

FLOR DE ANGIOSPERMA

Verticilos florais reprodutores: gineceu e androceu
Verticilos florais protetores: cálice e corola

Parte masculina da flor: é o androceu, formado pelo filete e pela antera, com grãos de pólen.

Parte feminina da flor: é o gineceu, formado pelo estigma, estilete e ovário, que contém os óvulos.

O cálice e a corola têm função protetora.

Ovário: contém um ou mais óvulos (contém a **oosfera** ou gameta feminino).

Antera: produz os **grãos de pólen** que, ao atingirem o estigma, germinam, formando, cada um, um **tubo polínico**, o qual contém as **células vegetativa** e **germinativa** (transforma-se nos **núcleos masculinos** ou **espermáticos** ou **gaméticos**, que penetram no óvulo).

Polinização: transporte de grãos de pólen da antera ao estigma, feito pelo vento, pela água da chuva, pelos insetos, pelos pássaros etc.

O beija-flor poliniza as flores ao sugar o néctar.

Fecundação: germinação do grão de pólen e formação do tubo polínico. Dentro dele o núcleo germinativo produz dois núcleos gaméticos.

Há união de um núcleo espermático com a oosfera formando o zigoto. Este se desenvolve e forma o embrião. O óvulo, por sua vez, forma a semente e o ovário se transforma em fruto.

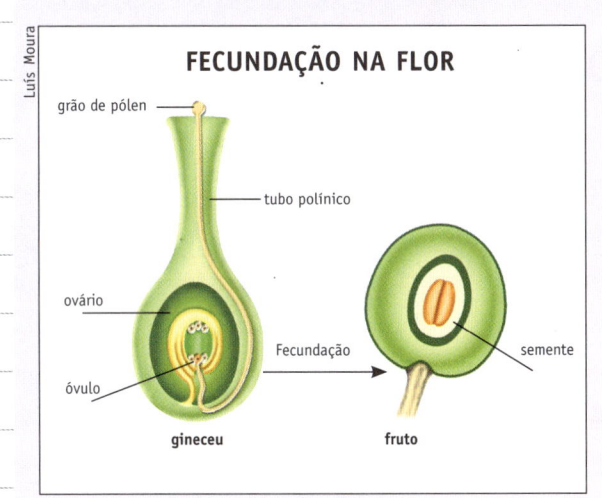

FECUNDAÇÃO NA FLOR

Figuras não proporcionais à realidade. Cores-fantasia.

> **Lembre que:**
>
> **Hermafrodita** é a flor com **gineceu** (órgão feminino de reprodução) e **androceu** (órgão masculino de reprodução).

1. Complete o esquema.

```
Flor ─ Verticilos florais ─┬─ ......... ─┬─ Androceu
                            │              │
                            └─ Protetores ─┤
                                           └─ Corola
```

2. Qual a importância da flor para os vegetais?

3. Como são denominadas as flores que têm androceu e gineceu?

4. De que se constitui o gineceu?

5. O que existe de importante no ovário? Por quê?

6. O que existe de importante na antera?

7. O que é polinização?

8. Quais os principais agentes encarregados da polinização?

9. Identifique as estruturas indicadas.

Figura não proporcional à realidade. Cores-fantasia.

10. Escreva nos parênteses os números que representam a sequência das etapas que ocorrem na reprodução das angiospermas.

( ) germinação do grão de pólen no estigma, formando o tubo polínico

( ) união de um dos núcleos gaméticos com a oosfera, formando o zigoto

( ) polinização

( ) desenvolvimento do zigoto, formando o embrião

( ) divisão do núcleo germinativo em dois núcleos gaméticos

( ) modificação do óvulo, que se transforma em semente

11. Complete as seguintes frases.

a) O transporte dos grãos de pólen da antera ao estigma da flor chama-se _____ .

b) No estigma da flor, ocorre a _____ do grão de pólen.

c) Quando o grão de pólen germina, forma-se o _____ .

d) Após a fecundação, o zigoto desenvolve-se, formando o _____ .

e) A semente origina-se da fecundação do _____ , enquanto o fruto provém do desenvolvimento do _____ .

ANOTAÇÕES

16. O fruto e a semente

Fruto
- **Epicarpo:** parede externa
- **Endocarpo:** parede interna
- **Mesocarpo:** parede intermediária

} pericarpo

Frutos
- **Verdadeiros** (desenvolvimento do ovário)
  - **Carnosos** (pericarpo hidratado, suculento)
    - **Baga:** tomate, uva, pepino, limão etc. (endocarpo mole)
    - **Drupa:** pêssego, manga, azeitona etc. (endocarpo duro – caroço)
  - **Secos:** noz, arroz, trigo, legume etc. (pericarpo desidratado)
- **Pseudofrutos** (o ovário não se desenvolve)
  - **Simples:** caju, pera, maçã etc. (provêm de uma flor)
  - **Compostos:** morango (provêm de diversos ovários e de um receptáculo floral)
  - **Múltiplos:** figo, abacaxi (provêm de diversos receptáculos das flores que compõem a inflorescência)

Semente
- **Tegumento** ou casca
- **Embrião** (radícula, caulículo, gêmula, cotilédone(s))
- **Albume** (porção envolvente do embrião)

} amêndoa

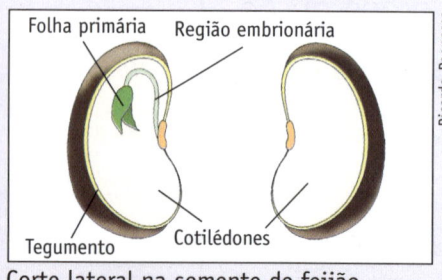

Folha primária — Região embrionária — Tegumento — Cotilédones
Figura não proporcional à realidade. Cores-fantasia.
Ricardo Paonessa
Corte lateral na semente de feijão.

Lembre que:

Pinhão não é fruto. É uma semente, contida na pinha (conjunto de flores ou inflorescência de gimnospermas), que se desenvolve do óvulo fecundado.

1. O que é fruto? Exemplifique.

2. Quais são as paredes do fruto?

3. O que são plantas angiospermas? Dê exemplos.

4. A foto abaixo apresenta um pêssego. Identifique as estruturas apontadas.

5. Responda:
   a) Qual a diferença fundamental entre fruto seco e fruto carnoso?
   b) O pêssego, do exercício anterior, é um fruto seco ou carnoso? Por quê?

6. Qual a diferença entre baga e drupa?

7. Classifique os frutos abaixo representados.

8. Complete as seguintes frases.
   a) O caju é um _____ simples, porque se origina do desenvolvimento do pedúnculo e do receptáculo de uma única flor.

b) O morango é um pseudofruto _____, porque se origina de um receptáculo floral que apresenta muitos ovários.

c) A amora, o abacaxi e o figo provêm de diversas partes de diversas flores. Por isso eles são pseudofrutos _____.

d) O pericarpo é formado por três partes. Uma parte externa ou _____, uma parte interna ou _____ e uma porção intermediária ou _____.

e) O amendoim e a noz são frutos _____, porque o pericarpo sofreu desidratação durante o desenvolvimento.

9. Associe corretamente.

(A) legume
(B) baga
(C) drupa
(D) pseudofruto simples
(E) semente

( ) pinhão
( ) maçã
( ) coco-da-baía
( ) pepino
( ) vagem

10. Identifique as estruturas abaixo.

Figuras não proporcionais à realidade.

11. Responda às questões.

a) O que é pinha?

b) O que é pinhão?

12. O pinheiro-do-paraná forma pinhas onde se desenvolvem os pinhões. Essa planta não tem frutos. Ela é do grupo das angiospermas ou das gimnospermas?

17. A raiz

Características gerais: órgão de fixação e de absorção de nutrientes minerais. Sua **coifa** protege o ápice no qual há um tecido responsável pelo crescimento (**meristema**); sua **zona pilífera** absorve nutrientes; de sua **zona suberosa** partem as ramificações; pela **zona lisa** ela cresce. Sua origem é a radícula do embrião da semente.

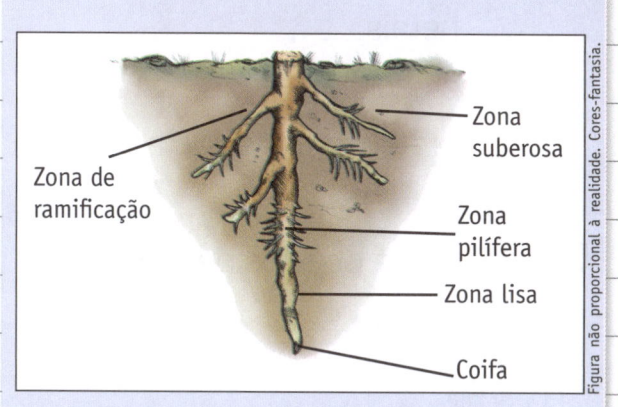

Tipos de raízes

a) **Subterrâneas**
- **Tuberosas** (acúmulo de substâncias): cenoura.
- **Axiais** (porção principal com ramificações): nas dicotiledôneas: feijão, café, goiabeira.
- **Fasciculadas** (não há porção principal): nas monocotiledôneas: milho, cana, grama.

b) **Aéreas**
- **Escoras:** plantas de mangue.
- **Tabulares** (aumento da base da árvore): carvalho.
- **Sugadoras** (parasitas): vassoura-de-bruxa, cipó-chumbo.

c) **Aquáticas:** baronesa (dama-do-lago), vitória-régia.

Raiz tuberosa

Raízes escoras

Raiz axial

Lembre que:

A Amazônia é uma região riquíssima em plantas medicinais. Das raízes de genciana, por exemplo, extrai-se uma substância que estimula as funções digestivas.

1. Qual a origem das raízes?

2. Qual a importância das raízes para as plantas?

3. Na figura abaixo, identifique as partes da raiz.

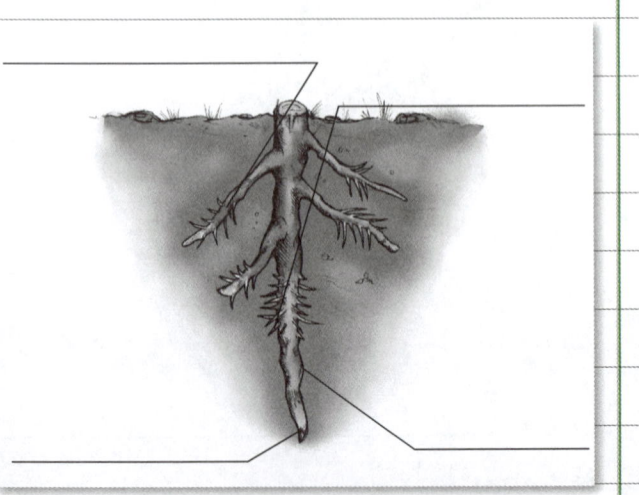

4. Associe corretamente.

(A) coifa
(B) zona lisa
(C) zona pilífera
(D) zona suberosa

( ) formação de raízes secundárias
( ) absorção de água e sais minerais
( ) crescimento
( ) proteção do tecido apical

5. Identifique os tipos de raízes.

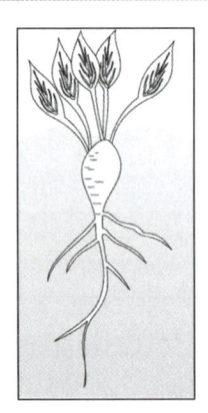

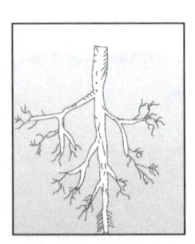

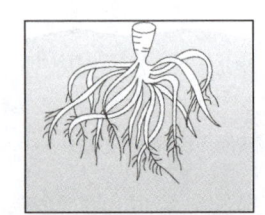

6. Assinale a alternativa correta.

a) As raízes das árvores frondosas geralmente são:

axiais ( )
fasciculadas ( )
tabulares ( )
escoras ( )

b) O cipó-chumbo suga a seiva de outra planta. Ele possui raízes do tipo:

tabulares ( )
fasciculadas ( )
aquáticas ( )
sugadoras ( )

c) Muitas plantas de mangue possuem raízes do tipo:

tabulares ( )
aquáticas ( )
escoras ( )
axiais ( )

d) Raízes que acumulam substâncias de reserva são:

tabulares ( )
tuberosas ( )
axiais ( )
escoras ( )

e) Não é função das raízes:

absorção de nutrientes minerais ( )
fotossíntese ( )
acúmulo de substâncias de reserva ( )
fixação da planta no solo ( )

7. Qual tipo de raiz é muito usado em nossa alimentação? Por quê?

8. Por que as raízes são importantes para os animais?

9. Nas frases a seguir, escreva **V** para verdadeiro e **F** para falso. Em seguida, justifique as afirmativas falsas.

a) Todas as raízes são fixas no solo. ( )

b) As raízes subterrâneas não fazem fotossíntese, porque não possuem clorofila e não recebem luz. ( )

c) As raízes do milho são axiais. ( )

d) As árvores do mangue, por estarem em solos pouco consistentes, desenvolvem raízes escoras para aumentar a base de sustentação da planta. ( )

e) Por acumularem substâncias de reserva, as raízes da beterraba e da batata-doce são classificadas como axiais. ( )

Justificativa(s):

10. Resolva as palavras cruzadas:

HORIZONTAIS

1. Extremidade da raiz.
2. Raiz que acumula substâncias de reserva.
3. Substância absorvida do solo pelas raízes.
4. Raiz que possui uma porção principal de onde partem ramificações secundárias.
5. Outro nome da dama-do-lago.

VERTICAIS

1. Raiz característica de árvores frondosas.
2. Raízes frequentes em plantas de mangue.
3. Raízes em que não há uma porção principal, assumindo o aspecto de uma cabeleira.
4. Raiz característica de plantas parasitas.
5. Zona da raiz responsável pelo crescimento.

18. O caule

Características gerais: órgão condutor de **seivas vegetais** e que sustenta a copa das árvores. Possui gemas de dois tipos: **apical**, que faz o caule crescer; e **axilar**, de onde brotam, nos nós, os ramos, as folhas e as flores. Aí existe o **tecido meristemático**, responsável pelo crescimento do caule.

Tipos de caule

a) **Aéreos**
- **Tronco**: figueira.
- **Haste**: tomateiro.
- **Estipe**: palmeira (as folhas saem do ápice).
- **Colmo**: bambu (contém nós e internós).
- **Trepador**: chuchuzeiro (contém gavinhas).
- **Rastejante**: melancieira.

Tronco

Colmo

Haste

Caule rastejante

b) **Subterrâneos**
- **Rizoma:** bananeira.
- **Tubérculo:** batatinha (acumula substâncias).
- **Bulbo:** cebola.

c) **Aquáticos:** sagitária, vitória-régia.

Vitória-régia: planta aquática

Modificações do caule
- **Espinhos:** laranjeira.
- **Cladódio:** cactáceas (suas folhas são transformadas em espinhos).
- **Gavinhas:** videira, maracujá (caules trepadores para fixação em suportes).

Cladódio

Lembre que:

Seiva vegetal
- **bruta:** água + sais minerais (o **lenho**, situado na porção interna, conduz seiva da raiz para as folhas).
- **elaborada:** substâncias orgânicas (o **líber**, situado na porção periférica, conduz seiva das folhas para a raiz).

1. Identifique na figura as partes do caule.

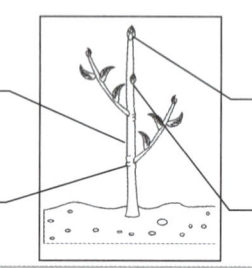

2. Cite as funções do caule.

3. Complete as frases.

a) O lenho situa-se na parte _____ do caule e conduz a seiva _____.

b) O líber situa-se na parte _____ do caule e conduz a seiva _____.

c) A seiva bruta é constituída de _____ e _____ e é absorvida do solo pelas raízes.

d) A seiva elaborada é constituída de substâncias orgânicas elaboradas pelas _____.

e) As gemas, ou brotos, são responsáveis pela formação de _____, _____ e _____.

f) As porções do caule em que se inserem as folhas e os ramos se chamam _____.

4. Responda às questões.

a) Como se denomina a região do caule entre dois nós consecutivos?

b) Que tecido garante o crescimento do caule? Onde se situa?

c) De que maneira os caules trepadores podem fixar-se em suportes?

d) Como a água e os sais minerais são conduzidos no caule?

5. Complete as chaves com os tipos de caule.

Aéreos
{
abacateiro
feijoeiro
coqueiro
cana-de-açúcar
parreira
aboboreira
}

Subterrâneos
{
gengibre
cará
lírio
}

Aquáticos {

6. Identifique os tipos de caule.

7. Assinale a alternativa correta.

a) Tubérculos são caules globosos que armazenam grande quantidade de substância de reserva. São encontrados:

no bambu ( )
na cebola ( )
na batatinha ( )
na beterraba ( )

b) Para conduzir as seivas vegetais, o caule possui:

meristema ( )
parênquima ( )
talo ( )
lenho e líber ( )

c) Espinhos são modificações do caule encontradas:

nas laranjeiras ( )
nas roseiras ( )
nas paineiras ( )
na aboboreira ( )

d) Cará e batatinha são caules do tipo:

estipe ( )
colmo ( )
bulbo ( )
tubérculo ( )

e) O lenho e o líber constituem um sistema condutor:

exclusivo dos caules ( )
dos caules e das folhas ( )
dos caules e das raízes ( )
dos caules, das raízes e das folhas ( )

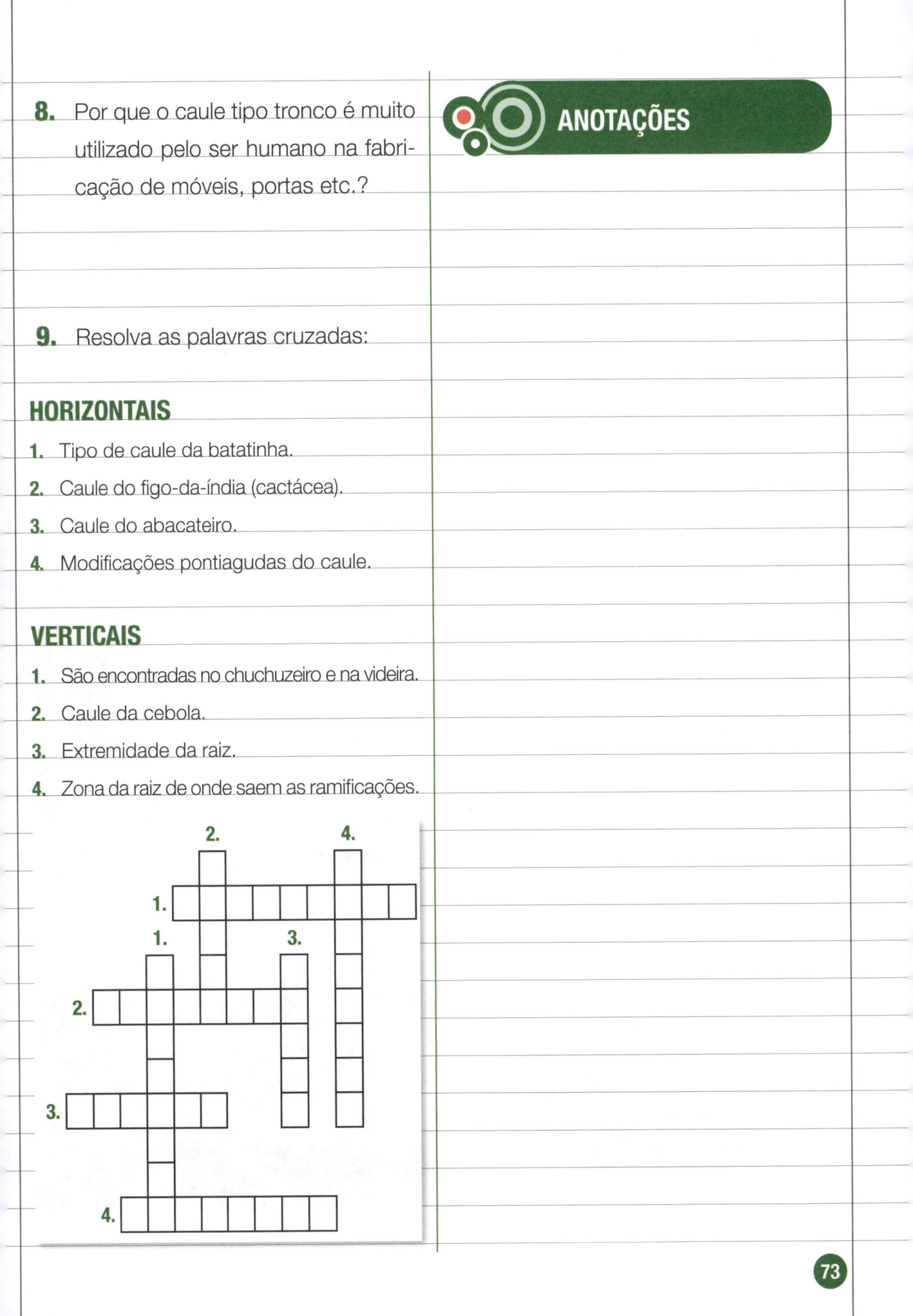

8. Por que o caule tipo tronco é muito utilizado pelo ser humano na fabricação de móveis, portas etc.?

9. Resolva as palavras cruzadas:

HORIZONTAIS

1. Tipo de caule da batatinha.
2. Caule do figo-da-índia (cactácea).
3. Caule do abacateiro.
4. Modificações pontiagudas do caule.

VERTICAIS

1. São encontradas no chuchuzeiro e na videira.
2. Caule da cebola.
3. Extremidade da raiz.
4. Zona da raiz de onde saem as ramificações.

19. A folha

Folha: órgão vegetal destinado à fotossíntese e à transpiração.

Folhas
- **Completas**: com bainha, pecíolo, limbo e estípulas. Exemplo: laranjeira
- **Incompletas**
  - **sésseis**: sem bainha e pecíolo. Exemplo: fumo
  - **invaginantes**: sem pecíolo. Exemplo: gramíneas
- **Compostas**: com folíolos. Exemplo: roseira. O pecíolo ramificado forma os folíolos.
- **Modificadas**
  - **espinhos**: proteção contra perda excessiva de água. Exemplo: cacto
  - **gavinhas**: fixação de suportes. Exemplo: ervilha
  - **brácteas**: ao lado de inflorescências. Exemplo: antúrio
  - **carnívoras**: produzem enzimas que digerem insetos. Exemplo: *Dionea*.

Estômatos: células modificadas da epiderme das folhas; há, entre elas, uma abertura para a passagem de oxigênio, gás carbônico e vapor de água.

Lembre que:

As nervuras das folhas correspondem ao trajeto dos vasos lenhosos e liberianos.

As folhas em forma de espinhos impedem a perda excessiva de água.

Folha composta

Folha completa

Folha carnívora

Veja quais são as partes de uma folha.

- Nervuras
- Limbo
- Pecíolo
- Estípula
- Bainha

1. O que são folhas sésseis? Dê um exemplo.

2. O que são folhas invaginantes? Dê um exemplo.

3. O que é uma folha composta? Exemplifique.

4. A que correspondem as nervuras nas folhas?

5. O que são espinhos foliares? Qual a sua função?

6. O que são gavinhas foliares? Qual o seu papel na planta?

7. O que são brácteas?

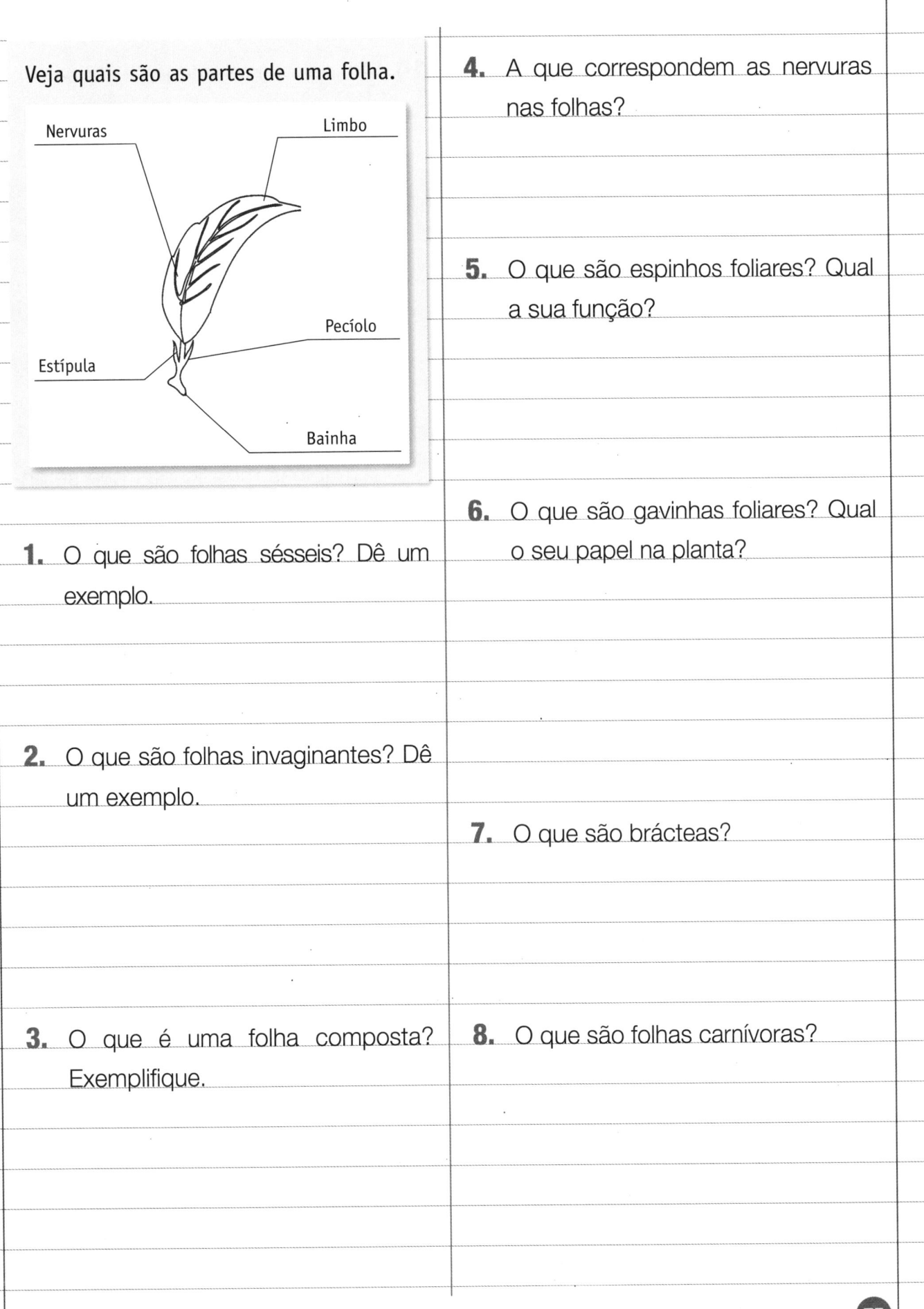

8. O que são folhas carnívoras?

9. Resolva as palavras cruzadas:

HORIZONTAIS

1. Porção alargada da folha que a prende ao caule.
2. Eliminação de vapor de água pelas folhas.
3. Vegetais que possuem flor.
4. Vasos que conduzem a seiva elaborada.

VERTICAIS

1. Nas folhas indicam a direção dos vasos condutores de seivas vegetais.
2. Folhas sem pecíolo.
3. Folhas modificadas que se enrolam em suportes.
4. Vasos condutores de seiva bruta.

10. Associe corretamente.

(A) espinhos
(B) gavinhas
(C) brácteas
(D) invaginantes
(E) sésseis

( ) folhas sem pecíolo e bainha
( ) folhas sem pecíolo
( ) folhas modificadas que se enrolam em suportes
( ) protegem inflorescências
( ) folhas modificadas que impedem a transpiração excessiva

11. Complete as frases.

a) No antúrio há folhas modificadas ao lado das inflorescências, chamadas _____, que, devido ao colorido, funcionam como estruturas atrativas de insetos.

b) Nas plantas carnívoras as folhas se modificam, adquirindo estruturas capazes de atrair e digerir _____.

c) Por meio da _____ as folhas absorvem água e gás carbônico, que em presença de luz produzem _____ e oxigênio.

d) O vapor de água é eliminado pelos _____ das folhas durante o dia, fenômeno denominado _____.

12. Preencha os quadradinhos em branco de acordo com o número de sílabas. Cada quadradinho corresponde a uma letra.
Use o banco de sílabas e vá riscando as que forem utilizadas.

AS – BRÁC – BÉR – CLO – COI – CU – FA
FI – GA – LA – LI – LO – MA – ME – NHA
NÓ – RIS – RO – SA – TE – TE – TU – VI

a) Folhas modificadas que protegem inflorescências.
☐☐☐ ☐☐ ☐

b) Substância verde dos vegetais, responsável pela fotossíntese.
☐**☐**☐☐ ☐☐ ☐☐

c) Caule subterrâneo que acumula substância de reserva.
☐ ☐☐ ☐☐ ☐

d) Ramo ou folha modificada que se enrola em suportes.
☐**☐** ☐☐ ☐☐

e) Região saliente do caule onde se inserem ramos e folhas.
☐

f) Zona da raiz responsável pelo crescimento.
☐ ☐☐

g) Estrutura que protege o ápice das raízes.
☐☐ ☐☐

h) Tecido responsável pelo crescimento dos vegetais.
☐☐ ☐☐ ☐☐ **☐**

• Junte as letras dos quadradinhos em destaque e encontre o nome de uma ciência que se dedica ao estudo das plantas.

☐☐☐☐☐☐☐

13. Assinale a alternativa correta.

a) Não é função executada pelas folhas:

fotossíntese ( )
transpiração ( )
sudação ( )
produção de sementes ( )

b) Nas folhas, os vasos lenhosos e liberianos são evidenciados por intermédio de:

bainha ( )
nervuras ( )
estípulas ( )
gavinhas ( )

c) Invaginantes são folhas sem:

limbo ( )
bainha ( )
pecíolo ( )
pecíolo e bainha ( )

d) Durante o dia, através dos estômatos, as folhas absorvem:

água ( )
sais minerais ( )
oxigênio ( )
gás carbônico ( )

ANOTAÇÕES

20. Vegetais criptógamos

Características gerais: são vegetais sem flores e sem sementes. Produzem células (esporos) que germinam, produzindo novas plantas. Em seu ciclo de vida duas gerações (gametofítica ou sexuada e esporofítica ou assexuada) se alternam. Vivem em ambientes úmidos e sombreados.

Criptógamos
- **Briófitos** (sem vasos condutores de seiva)
  - **Gametófito:** rizoides, cauloide e filoides. Ex.: musgo
  - **Esporófito:** haste e cápsula sobre o gametófito feminino
- **Pteridófitos** (vasculares)
  - **Gametófito:** tamanho e duração reduzidos
  - **Esporófito:** raízes, caule, folhas. Ex.: samambaia, avenca

Soros: aglomerados de **esporângios** (órgãos produtores de esporos).

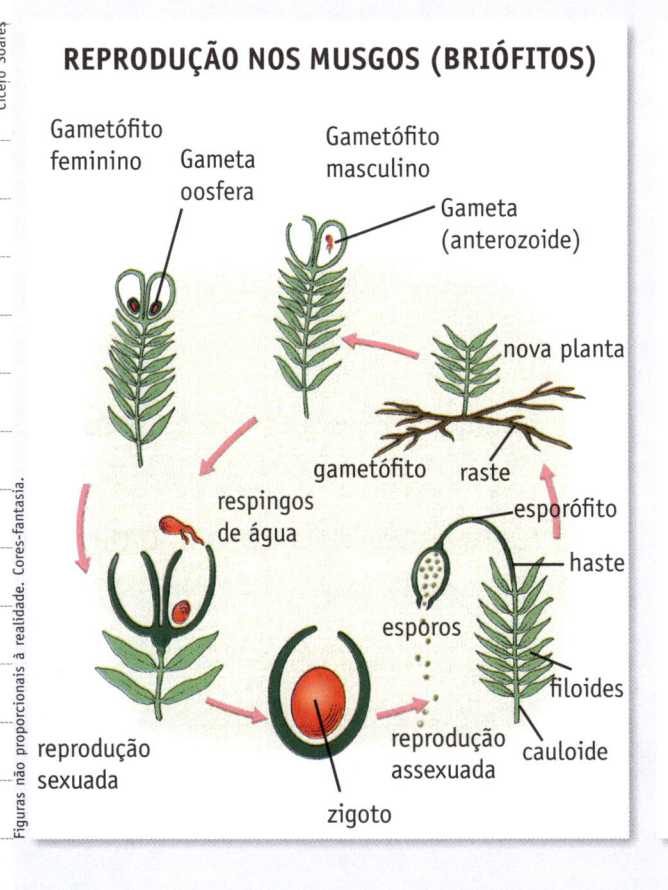

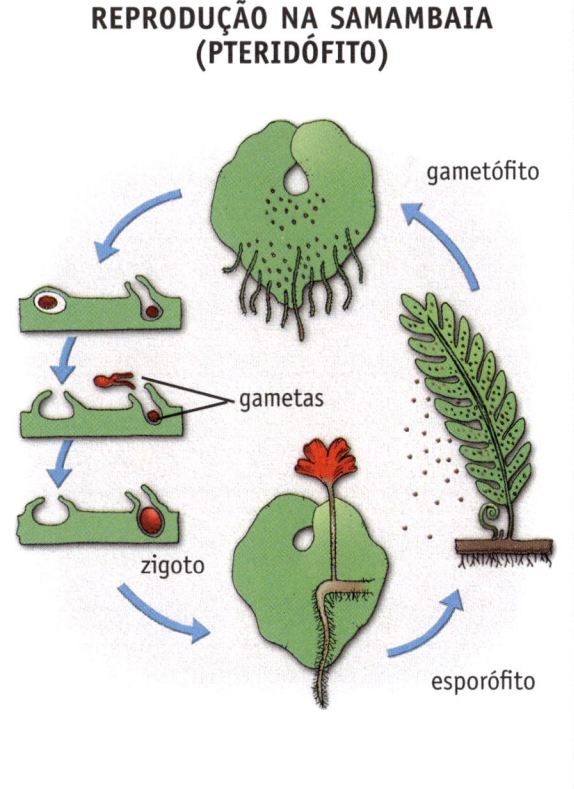

REPRODUÇÃO NOS MUSGOS (BRIÓFITOS)

Gametófito feminino — Gameta oosfera — Gametófito masculino — Gameta (anterozoide) — nova planta — gametófito — raste — respingos de água — esporófito — haste — esporos — filoides — cauloide — reprodução sexuada — reprodução assexuada — zigoto

REPRODUÇÃO NA SAMAMBAIA (PTERIDÓFITO)

gametófito — gametas — zigoto — esporófito

Musgo

Samambaia

1. Identifique os órgãos de um esporófito de samambaia.

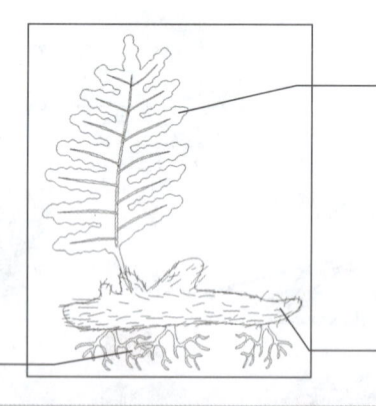

2. Em que tipos de ambiente são encontrados os pteridófitos?

3. Assinale os órgãos encontrados nos pteridófitos.

a) raiz ( )   d) flores ( )
b) caule ( )   e) sementes ( )
c) folhas ( )   f) frutos ( )

4. Qual o papel dos esporângios nos pteridófitos?

5. Qual a consequência da germinação de um esporo de samambaia?

6. O que é o gametófito da samambaia?

7. Qual a consequência da fecundação do gameta feminino pelo gameta masculino no gametófito de uma samambaia?

8. Identifique os órgãos de um vegetal briófito.

9. Nos parênteses, coloque **B** se a estrutura pertencer aos briófitos e **P** se pertencer aos pteridófitos.

a) soros ( )
b) esporângios ( )
c) rizoides ( )
d) cauloides ( )
e) cápsula ( )
f) folhas ( )
g) raiz ( )
h) caule ( )

10. Complete as frases.

a) Os briófitos diferem dos pteridófitos por não apresentarem vasos _____ de seivas.

b) As samambaias e as avencas são vegetais _____, enquanto os musgos são vegetais _____.

c) Na cápsula dos musgos são produzidos os _____, que são capazes de germinar em ambiente favorável, produzindo uma plantinha (gametófito) na qual se formam órgãos _____ e _____ de reprodução.

d) Quando um gameta masculino de uma plantinha fecunda o gameta feminino de outra plantinha, forma-se um _____ que se multiplica, formando um _____ que cresce e forma um novo esporófito.

e) Pelo fato de não possuírem flores, os briófitos e pteridófitos pertencem ao grupo de vegetais chamados _____.

11. Resolva as palavras cruzadas:

HORIZONTAIS

1. O que se forma do desenvolvimento do zigoto.

2. Célula reprodutora assexuada.

3. Órgãos produtores de esporos.

4. Resultado da união de gametas.

VERTICAIS

1. Vegetais que não possuem flor.

2. Uma das partes do gametófito de briófitos.

3. Geração duradoura dos briófitos.

4. Uma das condições ambientais necessárias para a sobrevivência de briófitos e pteridófitos.

12. Observe a ilustração da reprodução da samambaia e responda:

• Nas samambaias, que partes vemos com facilidade: os gametófitos ou os esporófitos?

OUTROS SERES VIVOS

21. O reino dos fungos

Características gerais: fungos são seres uni ou pluricelulares, decompositores de matéria orgânica ou mutualistas (líquen = fungo + alga).

Reproduzem-se sexuada e assexuadamente por meio de esporos. Graças à fermentação que realizam, são utilizados na fabricação dos pães, de certos queijos e na produção de bebidas alcoólicas. Nos fungos pluricelulares as células estão agrupadas em **hifas**, filamentos que, em conjunto, constituem o **micélio**. As hifas penetram (ou ficam sobre) a matéria orgânica e liberam enzimas que as digere, permitindo a assimilação dos nutrientes.

Algumas hifas do micélio constituem os corpos de frutificação onde se formam os **esporos**.

Lembre que:

- As orelhas-de-pau são decompositores de troncos de árvores.
- O carvão e as ferrugens são fungos que atacam as plantações. São pragas agrícolas.
- Do *Penicillium* extrai-se um antibiótico (penicilina).
- **Micoses** são doenças produzidas por fungos: sapinho, frieira, pé-de-atleta, tinha.
- A fermentação degrada substâncias orgânicas, produzindo gases e outros produtos.

Fungos
- **Ficomicetos**: bolores
- **Ascomicetos**: leveduras, *Penicillium*
- **Basidiomicetos**: cogumelos, orelha-de-pau, carvão, ferrugem

Cogumelo

Orelha-de-pau

1. Associe corretamente.

(A) esporos
(B) *Penicillium*
(C) orelha-de-pau
(D) champinhons
(E) ferrugens
(F) leveduras

( ) fermentação de massas e bebidas
( ) tronco de árvores
( ) pragas agrícolas
( ) reprodução
( ) antibiótico
( ) cogumelos comestíveis

2. O que são micoses? Dê exemplos.

3. O que é fermentação?

4. Complete as frases.

a) Os fungos são seres uni ou _____, aclorofilados e que se reproduzem por meio de _____.

b) Nos fungos pluricelulares as células encontram-se agrupadas formando filamentos chamados _____.

c) As hifas dos fungos encontram-se agrupadas formando o _____.

d) Algumas hifas do micélio agrupam-se para formar os _____ de _____, onde se formam os esporos.

e) O principal filo dos fungos divide-se em três classes: _____, _____ e _____.

5. Resolva as palavras cruzadas:

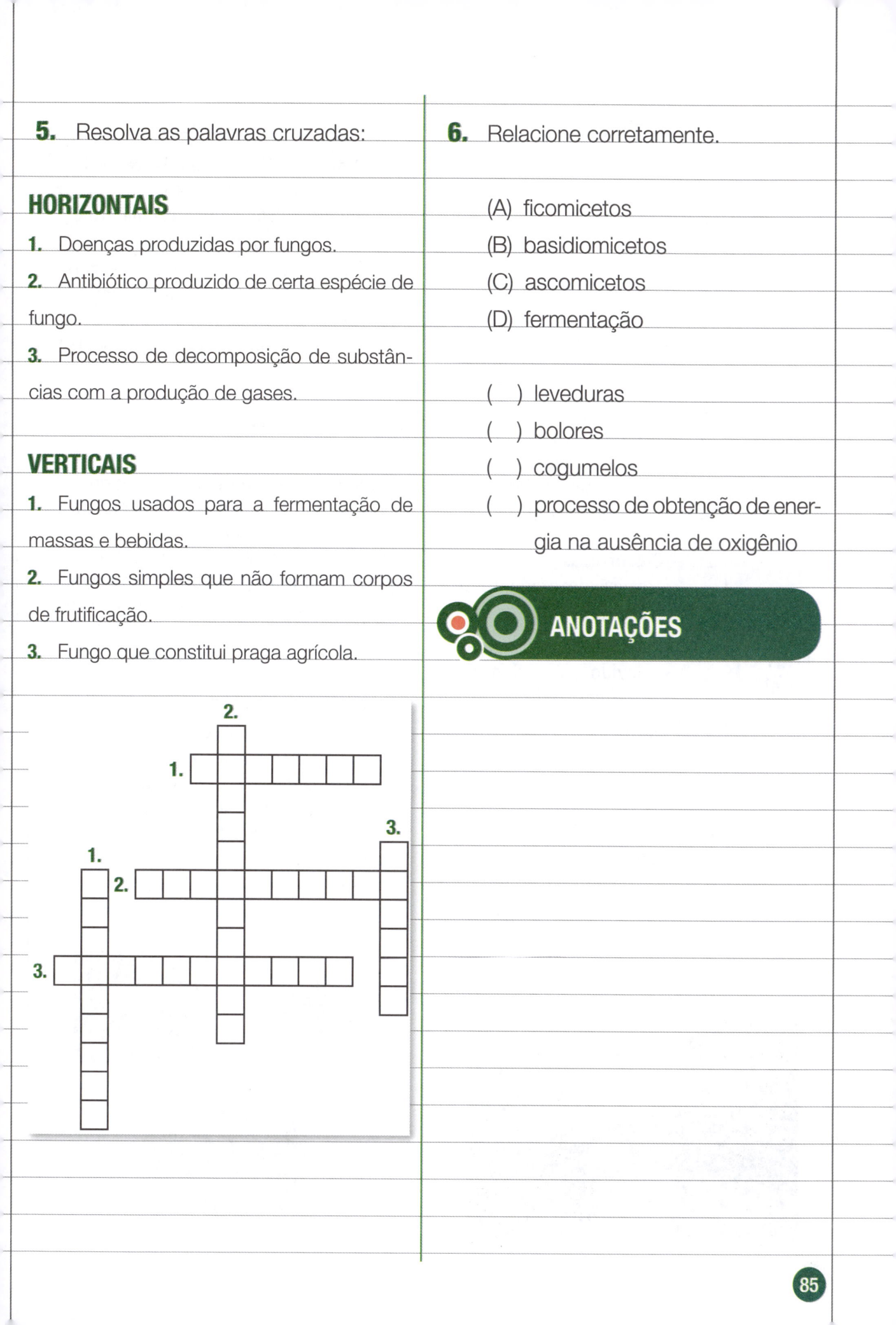

HORIZONTAIS

1. Doenças produzidas por fungos.

2. Antibiótico produzido de certa espécie de fungo.

3. Processo de decomposição de substâncias com a produção de gases.

VERTICAIS

1. Fungos usados para a fermentação de massas e bebidas.

2. Fungos simples que não formam corpos de frutificação.

3. Fungo que constitui praga agrícola.

6. Relacione corretamente.

(A) ficomicetos
(B) basidiomicetos
(C) ascomicetos
(D) fermentação

( ) leveduras
( ) bolores
( ) cogumelos
( ) processo de obtenção de energia na ausência de oxigênio

ANOTAÇÕES

22. O reino protista

O reino protista é formado pelas algas e pelos protozoários.

As algas

Características gerais: são seres uni e pluricelulares que habitam a água, as pedras, os troncos de árvores etc. Reproduzem-se assexuada e sexuadamente. Além da clorofila, podem apresentar outros pigmentos fotossintetizantes.

Filos de algas
- I – **Clorofíceas**: verdes por causa do predomínio da **clorofila**
- II – **Rodofíceas**: vermelhas devido ao predomínio da **ficoeritrina**
- III – **Feofíceas**: pardas devido ao predomínio da **fucoxantina**

Produzem substâncias importantes como o iodo, o ágar e a algina.

A maior parte do oxigênio da atmosfera é produzida pela algas. E muitas espécies também são utilizadas na alimentação.

Lembre que:
- O ágar é utilizado em laboratório como meio de cultura para microrganismos em crescimento.
- Algina, sob a forma de alginatos, é um material estabilizante usado em sorvetes, doces e dentifrícios.
- O iodo é indispensável para o funcionamento da glândula tireoide.

Os protozoários

Características gerais: protozoários são seres microscópicos e unicelulares. São eucariontes, pois o material genético contido dentro do núcleo está separado do citoplasma por uma membrana nuclear. Além disso, alguns são autótrofos (fazem fotossíntese), enquanto outros são heterótrofos. Reproduzem-se assexuada e sexuadamente.

Os protozoários dividem-se em quatro filos de acordo com as suas estruturas de locomoção: pseudópodes (nos **rizópodes**), flagelos (nos **flagelados**), cílios (nos **ciliados**) e ausência dessas estruturas (nos **esporozoários**). As figuras a seguir mostram protozoários cujo tamanho foi aumentado cerca de mil vezes.

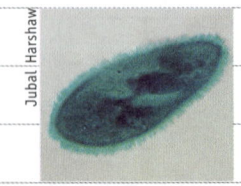

Paramécio

Tripanossomo (*Leishmania*)

Rizópode (ameba)

Alguns são parasitas da espécie humana, dos quais pode-se citar:

I – *Entamoeba hystolitica:* causa a **amebíase**, transmitida por água e alimentos contaminados, atacando o intestino.

II – *Giardia lamblia:* causa a **giardíase**, infecção intestinal.

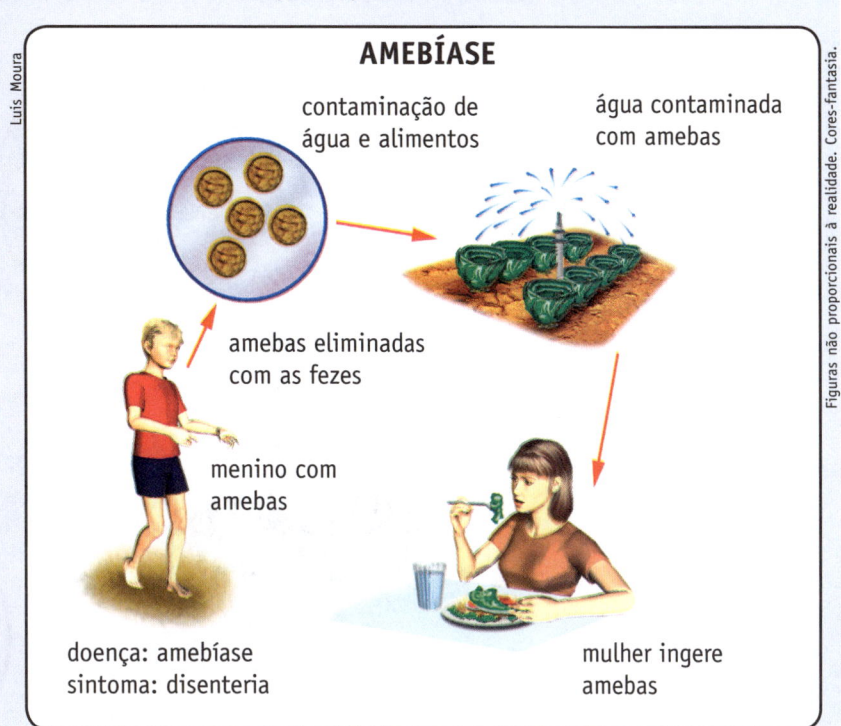

III – *Trypanosoma cruzi:* causa a **doença de Chagas**, transmitida pelas fezes do inseto conhecido como **"barbeiro"**.

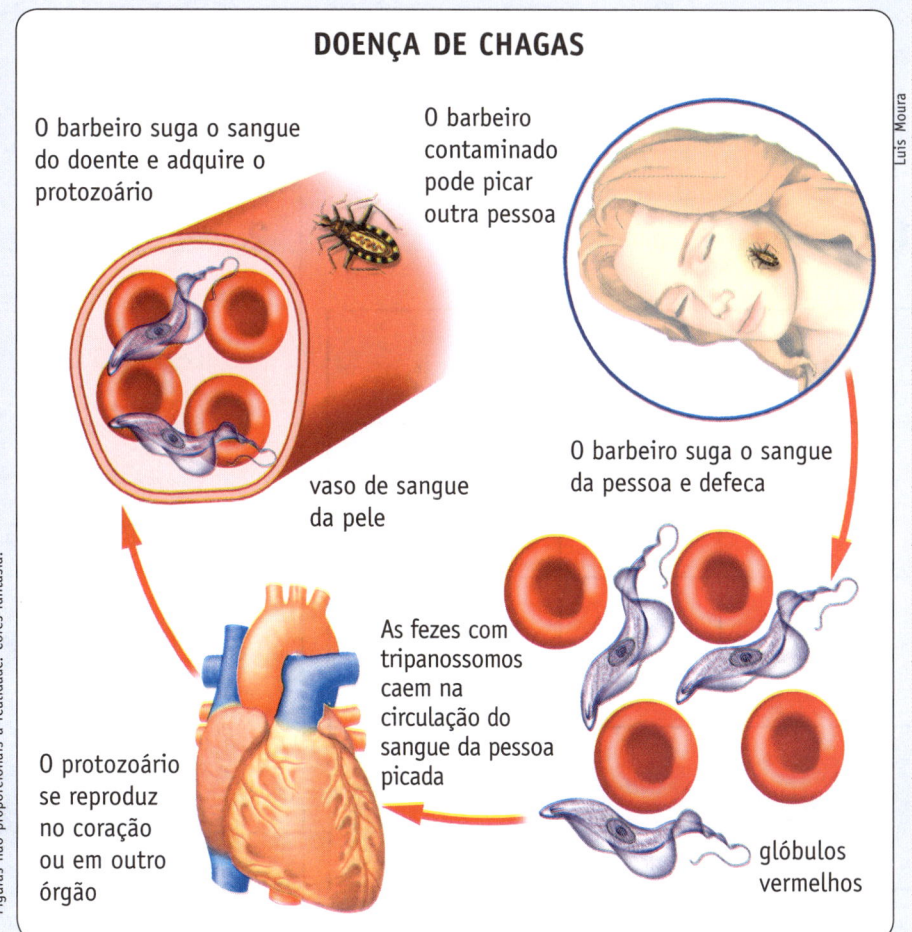

AMEBÍASE

contaminação de água e alimentos

água contaminada com amebas

amebas eliminadas com as fezes

menino com amebas

doença: amebíase
sintoma: disenteria

mulher ingere amebas

DOENÇA DE CHAGAS

O barbeiro suga o sangue do doente e adquire o protozoário

O barbeiro contaminado pode picar outra pessoa

vaso de sangue da pele

O barbeiro suga o sangue da pessoa e defeca

As fezes com tripanossomos caem na circulação do sangue da pessoa picada

O protozoário se reproduz no coração ou em outro órgão

glóbulos vermelhos

IV – *Plasmodium* sp.: com várias espécies causadoras de **malária**, transmitida pela picada do mosquito **anófeles**, que coloca seus ovos na água.

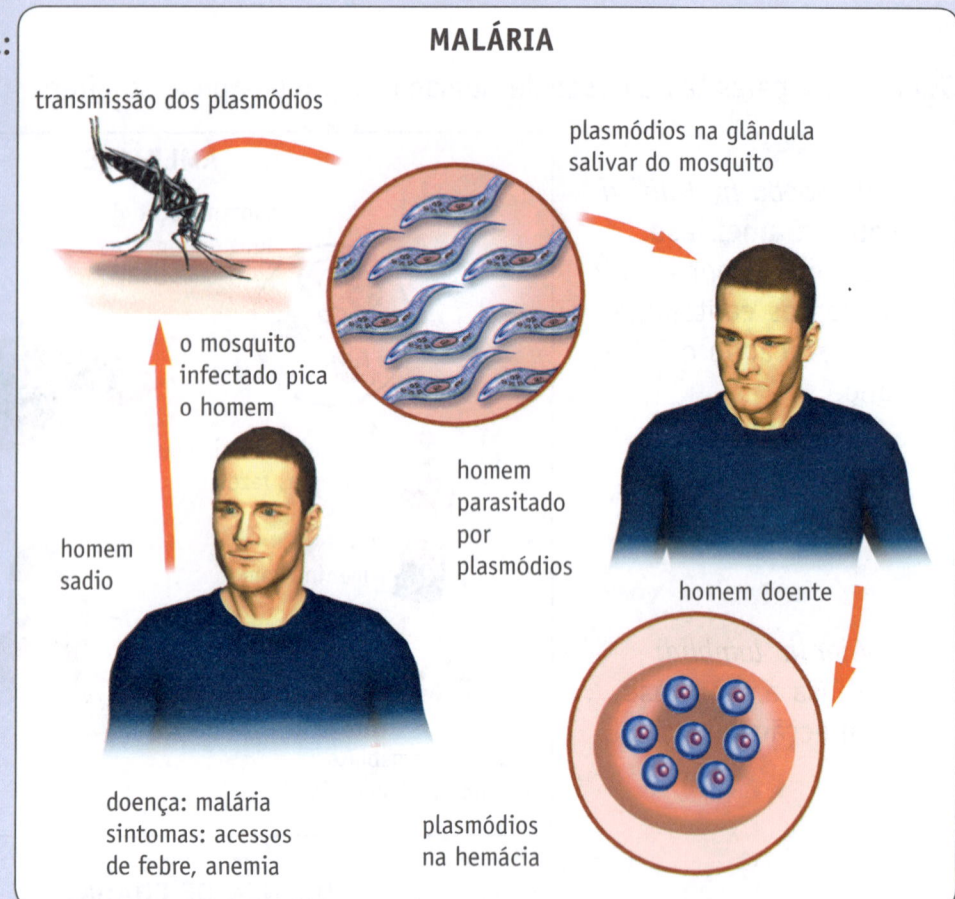

MALÁRIA

- transmissão dos plasmódios
- plasmódios na glândula salivar do mosquito
- o mosquito infectado pica o homem
- homem sadio
- homem parasitado por plasmódios
- homem doente
- doença: malária
  sintomas: acessos de febre, anemia
- plasmódios na hemácia

Figuras não proporcionais à realidade. Cores-fantasia.
Luis Moura

1. Complete o quadro.

Algas	Cor	Pigmentos
	verde	
		clorofila e ficoeritrina
Feofíceas		

2. Associe corretamente.

(A) clorofila
(B) ágar
(C) algina
(D) feofíceas

( ) algas pardas
( ) estabilidade de dentifrícios
( ) crescimento de bactérias
( ) fotossíntese

3. Complete as frases.

a) Há três filos de algas: _____ , _____ e _____ .

b) As algas _____ são verdes, as algas _____ são vermelhas e as algas _____ são pardas.

c) A maior parte do _____ utilizado na respiração dos seres vivos provém das _____ .

d) Muitas algas constituem fontes de _____ para os seres humanos.

e) As algas reproduzem-se _____ e _____ e podem apresentar, além da _____ , outros pigmentos que lhes dão cores características.

4. Assinale a alternativa correta.

a) Nas algas verdes predomina o pigmento:

Caroteno ( )
Fucoxantina ( )
Clorofila ( )
Ficoeritrina ( )

b) As algas são seres vivos muito importantes porque:

Produzem nitrogênio para a atmosfera. ( )
São os produtores de muitas cadeias alimentares. ( )
Fornecem produtos utilizados na indústria automobilística. ( )
São usadas para fermentação dos pães. ( )

c) Sobre as algas, a alternativa errada é:

Fornecem a algina que, na forma de alginatos, é empregada na estabilização de sorvetes e cremes dentifrícios. ( )
Reproduzem-se apenas sexuadamente. ( )
Além da clorofila, podem produzir outros pigmentos de cores características. ( )
Podem ser encontradas no fundo dos mares, sobre pedras e troncos úmidos de árvores. ( )

d) Como principal fator para a classificação das algas toma-se:

O ambiente onde vivem. ( )
O tipo de reprodução. ( )
O pigmento predominante que lhes proporciona a cor. ( )
Sua maior ou menor utilização como alimentos. ( )

5. Resolva as palavras cruzadas:

HORIZONTAIS

1. Função executada em grande proporção pelas algas.

2. Substância produzida por algas vermelhas importante para o funcionamento da glândula tireoide.

3. Substâncias derivadas da algina para estabilizar cremes e sorvetes.

VERTICAIS

1. Substância produzida pelas algas e empregada em laboratório para o crescimento das bactérias.

2. Algas com predomínio de pigmentos vermelhos.

3. O papel das algas nas cadeias alimentares.

6. Complete para identificar os protozoários abaixo representados e os respectivos grupos a que pertencem. Lembre-se: essas ilustrações são feitas pela observação em microscópio.

a) Nome:
Filo: Flagelado

b) Nome: Ameba
Filo:

c) Nome:
Filo:

Figuras não proporcionais à realidade. Cores-fantasia.

7. Associe corretamente.

(A) rizópodes ( ) cílios
(B) flagelados ( ) flagelos
(C) ciliados ( ) pseudópodes

8. Complete as frases.

a) Os protozoários são seres unicelulares e aclorofilados constituídos basicamente de: _____ , _____ e _____ .

b) Esporozoários são protozoários que não possuem estruturas para a _____ .

c) O inseto _____ pode penetrar nas casas através de frestas nas paredes feitas de barro ou palha.

d) Controlar os bancos de sangue ajuda a evitar a transfusão de _____ contaminado por tripanossomos causadores da _____ .

9. O que se deve fazer para evitar a propagação da malária?

10. Complete o quadro.

Protozoário	Transmissor	Doença causada
Plasmódio	anófeles	
Trypanosoma cruzi		
Entamoeba hystolitica		

11. Como é transmitida a doença de Chagas?

12. O que se deve fazer para evitar a amebíase?

13. Escreva V para verdadeiro ou F para falso. Depois, justifique as afirmativas falsas.

a) Os esporozoários são heterótrofos. ( )

b) Para evitar a propagação da doença de Chagas, deve-se exterminar os focos de água parada onde as fêmeas do mosquito transmissor da doença botam ovos. ( )

c) Evita-se a amebíase ingerindo somente água filtrada ou fervida e lavando bem os alimentos crus com água tratada. ( )

d) A velocidade de locomoção dos protozoários ciliados na água é bem maior do que a dos protozoários flagelados. ( )

e) A característica principal da malária é a ocorrência de febres periódicas no indivíduo doente. ( )

Justificativa(s):

14. Nas questões a seguir, assinale a alternativa correta.

a) Podem viver no sangue do ser humano:

as amebas ( )
os tripanossomos ( )
os paramécios ( )

b) A doença transmitida por meio de picadas de insetos é:

doença de Chagas ( )
malária ( )
amebíase ( )

c) Não possuem estruturas de locomoção:

rizópodes ( )
ciliados ( )
flagelados ( )
esporozoários ( )

23. O reino monera

Características gerais

Os componentes desse reino compreendem seres microscópicos, unicelulares e **procariontes**, isto é, o seu material genético não está isolado do citoplasma por não possuir membrana nuclear. Alguns são autótrofos e outros heterótrofos. A maioria se reproduz assexuadamente por bipartição.

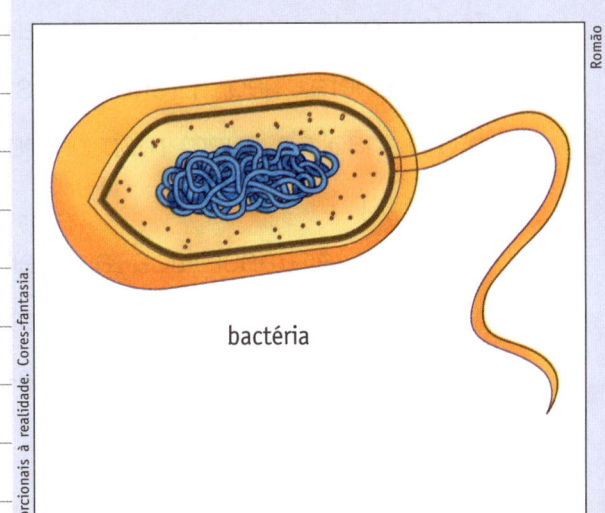

bactéria

As bactérias não possuem uma membrana (carioteca) envolvendo o núcleo. Esses seres são chamados de **procariontes**.

As **cianobactérias** possuem como pigmentos fotossintetizantes a clorofila, a **ficocianina** (de cor azul e que lhe é característica) e outros. Respiram aerobicamente (utilizam o gás oxigênio).

Algumas espécies de bactéria vivem no solo e fixam o nitrogênio atmosférico que será usado pelas plantas; outras se associam a fungos formando **liquens**.

As **bactérias** vivem isoladamente ou formam colônias, recebendo, por isso, denominações diferentes.

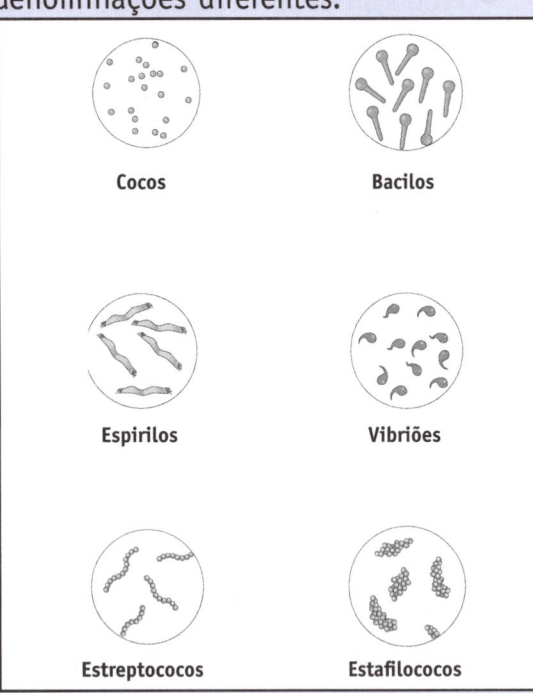

Cocos — Bacilos — Espirilos — Vibriões — Estreptococos — Estafilococos

Importância das bactérias

- **Fixadoras de nitrogênio**; outras **decompõem as proteínas** de animais e vegetais mortos, devolvendo o nitrogênio para a atmosfera.
- **Saprófagas:** ou decompositoras de animais e vegetais mortos, produzindo como resíduos sais minerais para as plantas.
- **Fermentadoras:** utilizadas na fabricação de coalhada, iogurte, queijo, vinho, vinagre etc.
- **Parasitas:** causadoras de doenças no ser humano, como a disenteria (salmonelas), a sífilis (sexualmente transmissível), a tuberculose (bacilo de Koch), o tétano, a meningite (causada pelo meningococo, ocasiona infecção nas membranas que envolvem o cérebro), a lepra, a cólera (*Vibrio cholerae*), a pneumonia, a difteria etc.

Defesas do ser humano contra as bactérias

- Produção de anticorpos que neutralizam as toxinas bacterianas.
- Emprego de antissépticos, antibióticos e soros.
- Prevenção por meio de vacinas: B.C.G. (contra a tuberculose), tríplice (contra coqueluche, difteria e tétano).
- Importante alimentar-se e dormir bem para que o sistema de defesa (imunológico) não enfraqueça.

1. Assinale a estrutura que não é encontrada nos seres do reino monera.

a) membrana ( )
b) membrana nuclear ( )
c) citoplasma ( )
d) estruturas citoplasmáticas ( )

2. Identifique as formas bacterianas.

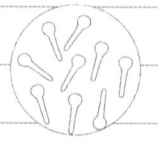

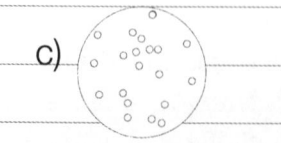

a) b)

c) d)

3. Escreva V para verdadeiro ou F para falso. Depois justifique as afirmativas falsas.

a) Todas as bactérias são nocivas ao ser humano. ( )
b) Algumas espécies de bactérias são autótrofas. ( )
c) Todas as bactérias se reproduzem assexuadamente. ( )
d) Todos os componentes do reino monera são procariontes, isto é, não possuem membrana nuclear. ( )
e) A cólera é transmitida ao ser humano por água e alimentos contaminados pela bactéria *Vibrio cholerae*. ( )

Justificativa(s):

4. Complete as frases.

a) A associação de bactérias em forma de cacho de uva denomina-se _____ .

b) O reino monera compreende as _____ e as _____ .

c) Além de pigmentos azuis e vermelhos, as cianofíceas possuem _____ , com a qual são capazes de realizar a _____ .

d) Algumas bactérias fixam o _____ atmosférico, transformando-o em compostos que podem ser aproveitados pelos vegetais.

5. Assinale as alternativas corretas.

a) A associação de bactérias em forma de vírgula denomina-se:
estreptococos ( )
bacilos ( )
estafilococos ( )
vibriões ( )

b) As salmonelas são bactérias responsáveis pela:
tuberculose ( )
meningite ( )
lepra ( )
disenteria bacilar ( )

c) A vacina B.C.G. imuniza o indivíduo contra:
a lepra ( )
a tuberculose ( )
a meningite ( )
a pneumonia ( )

d) A sífilis é comumente transmitida por meio:
do ar ( )
da água ( )
de alimentos contaminados ( )
das relações sexuais ( )

e) Dores de cabeça, rigidez da nuca, febre, vômitos e diarreia são sintomas:
da tuberculose ( )
do tétano ( )
da sífilis ( )
da meningite ( )

6. Além da imunização natural, de que outras maneiras podemos nos defender do ataque das bactérias?

7. Todas as bactérias são nocivas? Justifique sua resposta.

8. Resolva as palavras cruzadas:

HORIZONTAIS

1. Organismo cujas células não possuem membrana nuclear.

2. Terapêutica para prevenir certas doenças infecciosas.

3. Bactéria isolada de forma esférica.

4. Seres formados da associação mutualística entre certas variedades de fungos e algas (azuis e verdes).

VERTICAIS

1. Substâncias produzidas pelos glóbulos brancos do sangue para neutralizar as toxinas produzidas por micróbios.

2. Seres que respiram sem a utilização do oxigênio.

3. Ser capaz de produzir alimentos orgânicos a partir de substâncias minerais e da luz.

4. Doença que pode ser evitada com o uso da vacina tríplice.

9. Associe corretamente.

(A) vacinas
(B) B.C.G.
(C) tríplice
(D) saprófagos
(E) antissépticos

( ) remédios contra infecções
( ) decompositores de plantas e animais mortos
( ) provocam a produção de anticorpos
( ) vacina contra o tétano, a coqueluche e a difteria
( ) vacina contra a tuberculose

ANOTAÇÕES

24. Os vírus

Características gerais: vírus são partículas químicas submicroscópicas constituídas essencialmente de um material genético (DNA ou RNA) e um envoltório de proteína. Medem milionésimos de milímetro. Não foram incluídos na classificação dos seres vivos por serem acelulares. Só possuem atividade vital quando se encontram no interior de células, onde se multiplicam utilizando o material genético delas, podendo destruí-las. Sofrem mutações, isto é, alterações de seu material genético que mudam suas características.

Os vírus são parasitas de células animais, de células vegetais e até de bactérias (**bacteriófagos**).

Produzem no ser humano doenças chamadas **viroses**, como:

- febre amarela e dengue (transmitidas pela picada do mosquito *Aedes aegypti*, que se reproduz colocando ovos em água parada)
- hidrofobia (por mordedura de cães, gatos etc.)
- hepatite
- poliomielite
- herpes
- caxumba, sarampo, rubéola, gripe (por meio do ar contaminado)
- Aids (síndrome de imunodeficiência adquirida). Causada pelo vírus HIV, transmitido por meio de relações sexuais (esperma e secreções vaginais), de sangue introduzido por transfusão ou acidentalmente, de uso de seringa contaminada ou de mãe para filho (durante a gravidez, parto ou amamentação).

Não há remédio contra as viroses. Para atenuar seus efeitos são recomendáveis o repouso e uma boa alimentação. Algumas delas são prevenidas com o uso de vacinas, por exemplo, a vacina Sabin, que previne a paralisia infantil.

RETROVÍRUS

— material genético
— capsídeo

Modelo esquemático de vírus

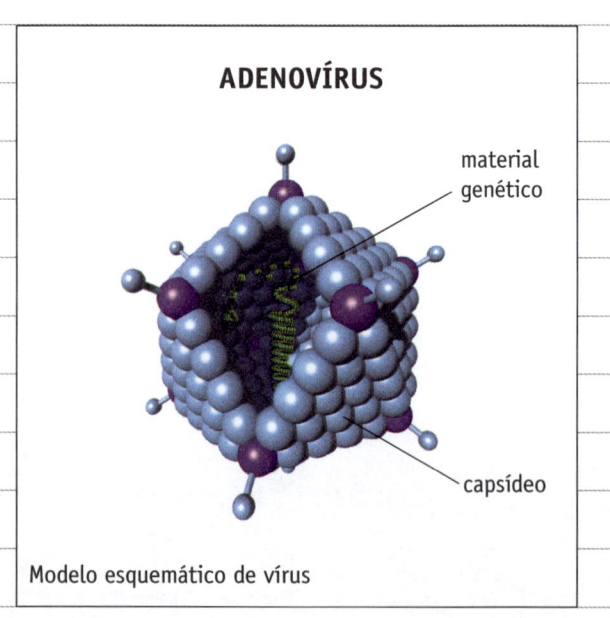

ADENOVÍRUS

— material genético
— capsídeo

Modelo esquemático de vírus

Lembre que:

- Previne-se a Aids utilizando somente agulhas e seringas descartáveis; esterilizando todo e qualquer instrumento que possa entrar em contato com o sangue; utilizando preservativos nas relações sexuais e certificando-se de que o sangue a ser recebido numa transfusão não esteja contaminado.

- Ainda não se descobriu a cura da Aids, nem foi desenvolvida uma vacina. Atualmente existem vários medicamentos que aumentam a sobrevida dos portadores do vírus.

1. Por que a Aids está incluída entre as doenças sexualmente transmissíveis (DST)?

2. Cite três precauções que devem ser tomadas para não contrair a Aids.

3. Eliminando focos de água parada (em baldes, vasos, garrafas, pneus fora de uso etc.), que tipos de viroses estamos tentando combater? Por quê?

4. Por que pelo menos uma vez ao ano os cães e gatos devem ser vacinados contra a raiva?

5. Por que os cientistas encontram uma dificuldade extrema para elaborar uma vacina contra a Aids?

6. O que faz a Medicina atualmente para prolongar a vida do portador do vírus da Aids?

7. Associe corretamente.

(A) hidrofobia
(B) dengue
(C) sarampo
(D) vacina Sabin
(E) parasita intracelular

( ) ar contaminado
( ) poliomielite
( ) vírus
( ) cães, gatos etc.
( ) *Aedes aegypti*

8. Assinale a alternativa correta.

a) Os vírus são constituídos:
   ( ) essencialmente de ácidos nucleicos.
   ( ) de proteínas + DNA + RNA.
   ( ) de proteínas + DNA ou RNA.
   ( ) essencialmente de proteínas.

b) Para atenuar o efeito das viroses:
   ( ) usam-se antibióticos.
   ( ) usam-se antissépticos bucais.
   ( ) faz-se repouso e mantém-se uma boa alimentação.
   ( ) empregam-se soros.

c) Parasitoses causadas somente por vírus:
   ( ) pneumonia, gripe, sarampo.
   ( ) poliomielite, tuberculose, caxumba.
   ( ) sarampo, herpes, caxumba.
   ( ) tétano, coqueluche, hepatite.

d) Vírus são:
   ( ) pequeninas células.
   ( ) partículas proteicas que só possuem vida quando estão no interior das células animais.
   ( ) partículas que se multiplicam utilizando o material genético das células hospedeiras.
   ( ) partículas constituídas de ácido nucleico e proteína e que possuem vida em qualquer ambiente.

ANOTAÇÕES

ECOLOGIA

25. Os ecossistemas

O ecossistema é o conjunto dos seres vivos mais os elementos não vivos de determinado ambiente.

- **Fatores ambientais:** luz, temperatura, pressão e salinidade. Influem na distribuição dos seres vivos.
- **População:** conjunto de indivíduos da mesma espécie.
- **Comunidades:** conjunto de populações de determinado ecossistema. Totalidade de organismos vivos de determinado local.

Características dos ecossistemas terrestres

a) **Tundra:** temperaturas muito baixas, solo congelado (invernos longos e verões curtos). Encontrada ao redor do Polo Norte (Alasca, Canadá, Groenlândia, Noruega, Finlândia e Sibéria). Os vegetais da tundra absorvem pouca água porque o solo está sempre congelado.

Flora: liquens, musgos, gramíneas, pequenos arbustos. Fauna: insetos, aves e alguns mamíferos (rena, lebre, urso, lobo).

Tundra

b) **Taiga:** temperaturas baixas (verões um pouco mais quentes e longos). Cascas das árvores espessas e folhas com formato de agulha que evita a transpiração excessiva. Ocorre na Sibéria, Dinamarca, Noruega, Suécia e Finlândia. Fauna: lobos, ursos-pardos, linces, alces, raposas, roedores (como ratos-silvestres), anfíbios, répteis, aves e insetos. É comum a presença de pinheiros, com folhas em forma de agulha, que transpiram pouco. O caule das árvores da taiga tem casca espessa que protege as plantas da ação do frio.

Taiga

c) **Floresta temperada:** há árvores que perdem folhas no outono e árvores que permanecem verdes durante todo o ano (frio no inverno e calor no verão, primavera e outono com temperaturas amenas). Vegetação em quatro estratos (rasteiro, herbáceo, arbustivo e arbóreo). Ocorre nos Estados Unidos, na Europa Ocidental, na China, no Japão e na Coreia.

Flora: carvalhos, nogueiras, castanheiras. Fauna: lobos, linces, gatos selvagens, raposas, javalis, esquilos, aves, anfíbios, répteis, insetos e outros invertebrados.

Floresta temperada

d) **Floresta pluvial tropical:** pluviosidade (quantidade de chuva) e temperatura elevadas. Ocorre na Ásia, na África, na Austrália, nas Américas Central e do Sul (Floresta Amazônica).

Fauna e flora bastante diversificadas, típicas da faixa equatorial da Terra; pouca vegetação rasteira; muitas epífitas, como orquídeas.

Floresta pluvial tropical

e) **Deserto:** chuvas escassas. Exemplo: Saara (na África).

Flora: dominam as cactáceas. Fauna: artrópodes, répteis e roedores. Existem também na Ásia, na Austrália e nos Estados Unidos. As espécies de planta geralmente têm folhas reduzidas ou transformadas em espinhos.

Deserto

f) **Campos:** predomínio de vegetação herbácea. Fauna: búfalo, antílope, zebra, girafa, chacal, aves, répteis, veados, onças, anfíbios, insetos e outros invertebrados. Exemplos: savanas africanas, pradarias norte-americanas, pampas sul-americanos, estepes russas e cerrados brasileiros.

Campo (savana)

Ecossistemas marinhos

- **Plâncton:** (vivem na zona iluminada ou na zona fótica) algas, protozoários, microcrustáceos. Aqui estão os principais produtores das cadeias alimentares.
- **Nécton:** moluscos, medusas, peixes, mamíferos (baleias etc.)
- **Bentos:** poríferos, anêmonas, crustáceos, pelecípodes, peixes carnívoros, bactérias decompositoras.

1. O que é ecossistema?

2. O que é comunidade?

3. O que é população?

4. Por que os vegetais da tundra não absorvem do solo uma grande quantidade de água?

5. Como é constituída a flora da tundra?

6. Cite alguns componentes da fauna da tundra.

7. Complete as frases.

a) A flora da taiga é constituída principalmente de _____, cujas folhas têm a forma de _____ com superfície bem reduzida que evita a transpiração excessiva.

b) O caule das árvores da taiga apresenta uma _____ espessa para proteger a planta contra a ação do _____.

c) O ecossistema localizado na Europa ocidental, nos Estados Unidos, na China, no Japão e na Coreia é a _____.

d) A vegetação da floresta temperada distribui-se em quatro níveis: rasteiro, _____, _____ e _____.

e) Na floresta pluvial tropical o índice de pluviosidade é bastante _____, ao contrário dos desertos, onde o índice de pluviosidade é muito _____.

8. Em que local do globo terrestre se localiza a floresta pluvial tropical?

9. Qual é a característica da vegetação dos campos?

10. Associe corretamente.

(A) cerrados
(B) savanas
(C) pradarias
(D) pampas
(E) Saara

( ) deserto
( ) América do Norte
( ) Brasil, Uruguai e Argentina
( ) Centro-Oeste do Brasil
( ) campos com arbustos e árvores, além das gramíneas

11. O que as plantas de deserto apresentam para reduzir a transpiração excessiva?

12. Cite alguns locais onde se encontram desertos.

13. Qual é o ecossistema onde as árvores características são os carvalhos, as nogueiras e as castanheiras?

14. A que ecossistema pertence a Floresta Amazônica?

15. Há um ecossistema onde as árvores perdem as folhas no outono para evitar a transpiração. Qual é esse ecossistema?

16. Na derrubada da Floresta Amazônica ocorrem os seguintes fatos:

I - Destruindo as plantas, os animais que delas dependem desaparecem da região.

II - O impacto das águas sobre o solo aumentará consideravelmente e com isso haverá a erosão do solo.

III - Dessa forma o ambiente não terá mais condições de abrigar seres vivos vegetais e animais.

IV - Removendo a cobertura vegetal, a superfície do solo fica mais aquecida, proporcionando a transformação da matéria orgânica em inorgânica, que se solubiliza.

A ordem lógica dos acontecimentos é:
a) (   ) I, II, III, IV
b) (   ) IV, III, II, I
c) (   ) I, IV, II, III
d) (   ) I, II, IV, III

17. Nas afirmativas a seguir, escreva V para verdadeiro ou F para falso. Depois, justifique as afirmativas falsas.

a) A luminosidade, a temperatura, a pressão e a salinidade são fatores importantes para a distribuição dos seres vivos nos ecossistemas marinhos. (   )

b) A maioria dos produtores nas cadeias alimentares dos ecossistemas marinhos encontra-se no plâncton. (   )

c) A Floresta Amazônica é um ecossistema correspondente à floresta temperada. (   )

d) Todos os cnidários fazem parte do nécton. (   )

e) Os desertos são ecossistemas onde as chuvas são ausentes. (   )

Justificativa(s):

18. Resolva as palavras cruzadas:

HORIZONTAIS

1. Zona dos ecossistemas marinhos onde vivem peixes carnívoros e bactérias decompositoras.

2. Ecossistema terrestre onde predominam as gramíneas.

3. Comunidade + ambiente.

4. Produtores das cadeias alimentares dos ecossistemas marinhos.

VERTICAIS

1. Zona dos ecossistemas marinhos onde se encontram seres natantes.

2. Conjunto de seres vivos da mesma espécie.

3. Um dos fatores ambientais atuantes nos ecossistemas marinhos.

4. Deserto africano.

EVOLUÇÃO

26. Teorias sobre a origem e a evolução dos seres vivos

A origem da vida
- Formação da Terra: há 4,6 bilhões de anos.
- Surgimento dos primeiros seres vivos: há 3,5 bilhões de anos.
- Atmosfera primitiva da Terra: hidrogênio (H_2), metano (CH_4), amônia (NH_3) e vapor de água (H_2O).
- Formação de nuvens, chuvas com muitas descargas elétricas, mares e oceanos.
- Ação de descargas elétricas e radiações ultravioleta teriam provocado a combinação dos gases atmosféricos, formando aminoácidos, compostos orgânicos geradores das proteínas.
- Surgimento dos ácidos nucleicos.
- Formação das primeiras células: procariotas, heterótrofas e anaeróbicas, que se alimentavam do caldo orgânico para obter energia. Tinham o poder de autoduplicação e de sofrer mutações.
- Decomposição de material orgânico com liberação de gás carbônico (CO_2).
- Aumento do número de células e esgotamento do caldo orgânico.
- Por mutação do material genético (ácidos nucleicos) de algumas células, teria sido possível a produção de clorofila e o processo da fotossíntese.
- Processo de fotossíntese produz gás oxigênio, antes inexistente na atmosfera.
- Formação de células procariotas, autótrofas e aeróbicas.
- Surgimento de células eucariotas aeróbicas.
- Formação de seres pluricelulares e transformações desses seres ao longo do tempo, registradas por fósseis impressos em rochas.

Teorias da evolução orgânica

I - **Lamarck** formulou duas leis para explicar sua teoria: a **lei do uso e desuso**, pela qual determinados órgãos se desenvolveriam (muito uso) ou se atrofiariam (pouco ou nenhum uso) dependendo das condições do ambiente; e a **lei da transmissão das características adquiridas**, pela qual as características adquiridas pelo ser vivo ao longo de sua vida seriam transmitidas a seus descendentes. Essa parte da teoria não se verifica.

II - **Darwin** elaborou a **teoria da seleção natural**. De acordo com a teoria há uma variação entre indivíduos da mesma espécie. Os indivíduos seriam selecionados pela natureza, sobrevivendo aqueles com características que permitem uma melhor adaptação ao ambiente. Os indivíduos mais bem adaptados sobrevivem e se reproduzem, aumentando o número de indivíduos com essas características, enquanto os menos aptos são eliminados, deixando menos descendentes.

AS ERAS GEOLÓGICAS

Milhões de anos	Era	Paisagens	Seres vivos
2 – 100	CENOZOICA		Primeiros seres humanos (por volta de 2,5 milhões de anos) Era dos mamíferos
100 – 250	MESOZOICA		Primeiras plantas com flor Primeiros mamíferos Primeiras aves Era dos grandes répteis
250 – 600	PALEOZOICA		Primeiros vertebrados Primeiras plantas terrestres Primeiros invertebrados
	PRÉ-CAMBRIANA		Origem da vida

Figuras não proporcionais à realidade. Cores-fantasia. Cecília Iwashita

1. Para Lamarck, existe um fator que é a causa direta das transformações dos seres vivos e para Darwin é esse mesmo fator que estabelece uma seleção entre os seres vivos. Qual é esse fator?

2. Em que se baseia a teoria de Lamarck?

3. Em que se baseia a teoria de Darwin?

4. Qual a importância dos fósseis no estudo da evolução?

5. Na explicação da origem da vida, na atmosfera primitiva não havia:
   a) hidrogênio ( )
   b) água ( )
   c) metano ( )
   d) oxigênio ( )
   e) amônia ( )

6. Por que muitos cientistas admitem que as primeiras células vivas que surgiram no planeta Terra eram heterótrofas anaeróbicas?

7. "A natureza fixa os indivíduos portadores das variações favoráveis e elimina os indivíduos portadores de variações desfavoráveis."
Qual é a teoria evolucionista que admite essa afirmativa?

8. "As primeiras girafas que surgiram na Terra tinham pescoço curto, e nessa época a vegetação era pouco desenvolvida. À medida que escasseava a vegetação baixa, havia a necessidade de o animal 'esticar' o pescoço para apanhar as folhas que cresciam em galhos mais altos. Dessa forma, o pescoço da girafa tornava-se mais comprido. Do cruzamento dessas girafas de pescoço 'esticado' nasciam descendentes com pescoço maior do que as girafas primitivas. Com o decorrer do tempo, foram surgindo girafas com o pescoço cada vez maior, até aparecerem as girafas atuais."
Esse texto está de acordo com a teoria evolucionista?

9. Aponte uma falha da teoria descrita na questão anterior.

10. Quantas eras geológicas foram estabelecidas a partir do estudo dos fósseis?

11. Há quantos milhões de anos começou a era dos mamíferos?

12. Quando surgiram os seres humanos?

ANOTAÇÕES